# Cuéntame
## Folklore y fábulas

Lori Langer de Ramírez, Ed.D.

*Herricks Middle School*
*Herricks, NY*

AMSCO

AMSCO SCHOOL PUBLICATIONS, INC.,
a division of Perfection Learning®

Please visit our Web sites at:
*www.amscopub.com* and *www.perfectionlearning.com*

Cover and design by Merrill Haber
Illustrations by Tony D'Adamo
Electronic composition by Northeastern Graphic Services, Inc.

When ordering this book,
please specify: *either* **13714**
*or* CUÉNTAME

ISBN: 978-1-56765-466-0

PRINTED IN THE UNITED STATES OF AMERICA
17 18 19                    18 17 16 15 14

# Preface

❧

This collection of twelve stories and accompanying activities represents the storytelling traditions of seven different Spanish-speaking countries. The stories come from rural and urban areas; from literature and from oral traditions; and from young and old storytellers alike. Many of the stories come from indigenous sources and speak of concerns for the natural world, while others are fables with the intention of teaching a lesson. Embodied in the stories are the hopes, fears, and beliefs of a people. Despite the difference in language and geography, readers are likely to find similarities to well-loved fables from their own backgrounds.

The stories presented are surrounded by activities which involve the students in thinking about the context and content of the tales. They are activities which incorporate the four skills of reading, writing, listening, and speaking. Each story is prefaced by a section entitled *El cuento del cuento.* This section includes information about the origin of the story and thus provides the unique opportunity to present cultural and geographical information tied to the story context.

The *Comencemos* section provides the student with some prereading material. It sets the stage for the story to follow by preteaching new vocabulary and structures. Here students are presented with vocabulary and visual cues which stimulate thinking about the story and are asked to make predictions about the story as well.

The *Leemos* section revolves around the actual reading of the story but also includes activities which focus on aspects of visual literacy tied to accompanying illustrations. Pictures convey cultural meaning to the reader as well as accompany and explain the story. Not only is the text important, but the illustrations and graphics provide the reader with interesting ideas to explore and apply to the meaning-making process.

Finally, the *Discutimos* section asks the students to think about the story. Along with reviewing the plot and sequence of the story, they are encouraged to express opinions about the tale and, ultimately, create their own version depending on the genre (that is, their own creation tale).

All activity sections are structured in the following way:

- *Con tu Profesor/a:* these are controlled activities which the teacher presents and works through with the students as a group.
- *Con tu Compañero/a:* these are guided activities. Here the student is given a structured task to complete with a partner but has more room for freedom of expression than in the controlled activities.
- *Tú Solo/a:* After having worked with the teacher and in a pair situation, the student is invited to work on his/her own—an opportunity for personal expression and creativity.

It is my hope that all users of this book will enjoy the stories as much as I enjoyed collecting them. I would like to thank Ramón Ramírez for helping me to collect so many of these stories and José Antonio Méndez for endless hours of advice, editing, and encouragement for this project.

# Contents

# Tío
# Zorro

# El cuento del cuento...

El cuento que sigue se clasifica como una fábula y viene de Colombia. Una fábula es un cuento en el que los personajes son animales. Los animales en estas historias tienen rasgos humanos. Hablan y actúan como personas para enseñar una lección a los lectores. Esta fábula colombiana habla del Tío Zorro—un personaje popular en muchas fábulas de Latinoamérica—. Trata de averiguar qué lección enseña este cuento...

# Comencemos...

## ...con tu profesor/a:

**1**  Lee estas palabras en voz alta con tu profesor/a.

| LOS CONSEJOS | BESAR | EL PIROPO |
| LA NOVIA | PERSEGUIR | EL HUECO |
| DISFRAZARSE | LA MIEL DE ABEJA | LAS PLUMAS |
| EL ESCONDRIJO | FINGIR | TAPAR |

# ...con tu compañero/a:

**2**  Con tu compañero/a, organiza las palabras de la página 4 en estas dos columnas.

| los nombres | los verbos |
|---|---|
|  |  |
|  |  |

**3**  Trata de actuar todas las palabras con tu compañero/a. Dibuja a tu amigo actuando tres de las palabras.

Mi amigo, _____, el actor:
*(escribe el nombre de tu amigo aquí)*

| por ejemplo... |  |  |  |
|---|---|---|---|
| disfrazarse<br>*palabra* | *palabra #1* | *palabra #2* | *palabra #3* |

**4**  Con tu compañero/a, combina las palabras para formar nuevas frases ¡Sé creativo/a! Las frases pueden ser chistosas, extrañas o locas. (¡OJO! Pueden usar palabras que ya saben.)

## tú solo/a:

**5** Tú eres un/a detective privado/a trabajando en un caso especial. Las únicas claves que tienes son un papel con las palabras de este cuento y la información acerca del origen del cuento en la página 3. ¿Qué crees que pasó? ¿Qué teorías tienes sobre el crimen? ¿Qué más necesitas saber?

| claves | quiero saber... | teorías |
|--------|-----------------|---------|
|        |                 |         |
|        |                 |         |

## Leemos...

## ...con tu profesor/a:

**1** Mientras tu profesor/a lee el cuento por primera vez, escucha y lee sin hablar.

**2** Tu profesor/a va a leer el cuento otra vez. Al escuchar una de las palabras nuevas, toca el dibujo apropiado en la página 4.

## ...con tu compañero/a:

**3** Lee el cuento una vez más con tu compañero/a en voz alta. Comparte la lectura: tu amigo/a lee la primera frase y tú lees la segunda. Tu amigo lee la tercera frase y... etc.

## ...tú solo/a:

**4** Lee el cuento por última vez. Subraya todas las palabras que todavía no comprendes y escríbelas aquí. Busca su

significado en el diccionario. ¿Necesitas estas palabras
para comprender el cuento?

| palabras desconocidas | su significado |
|---|---|
|  |  |

5   Mira la ilustración del cuento. ¿Quiénes son los
personajes y qué hacen?

# Tío Zorro

Un día, Gallo fue al pueblo para hacer unas compras. Dejó a su esposa, Gallina, en casa, sola. Le dijo:

—No me gusta dejarte sola pero tengo que comprar la comida. Ten cuidado. No dejes que nadie entre en la casa. Vuelvo pronto.

Poco después apareció Tío Zorro, quien le dijo a Gallina:

—No debes estar sola. Yo te acompaño.

Como Gallina no quería estar sola, decidió ignorar *los consejos* de su esposo y dejó entrar al zorro en la casa. Entonces, Zorro dijo:

—Usted es muy bonita. ¿Puedo *besarla*?

Gallina quedó impresionada con *el piropo*.

—¡Qué romántico que es este Zorro!—pensó ella y dejó besarse del zorro. Pero Tío Zorro no buscaba *novia*, sino comida. Zorro iba a comer a Gallina allí mismo. Pero de repente, llegó Gallo a casa.

—¿Qué pasa aquí?—gritó Gallo—. ¿Tú qué haces aquí con mi esposa? ¡Te voy a matar!

Tío Zorro se asustó y se fue corriendo. Gallo *persiguió* al zorro por todo el bosque. Corrieron por montañas y por el prado. Zorro se escondió en *un hueco* debajo de unas rocas y Gallo pasó por encima. No vio al Tío Zorro y por unos minutos se sintió seguro.

Zorro decidió *disfrazarse* y se cubrió con *miel de abeja* y *plumas* de gallo. De repente no parecía un zorro sino otro gallo. Salió de su *escondrijo* y buscó a Gallo. Fue a hablarle, *fingiendo* ser amigo. Cuando finalmente lo encontró le dijo:

—Oiga, ¿a quién busca?—Gallo miró a este pájaro extraño y contestó:

—Busco a un zorro malvado. Iba a comer a mi esposa.

—Ah, —dijo Tío Zorro—. Se fue por aquí—y señaló un hueco.

—Gracias, —dijo Gallo y se metió al hueco. Tío Zorro pronto *tapó* el hueco con una roca grande.

Con Gallo ocupado, atrapado en el hueco, el malvado Tío Zorro caminó hacia la casa de Gallina. ¿Será que fue a conseguir una novia, o a comerla para la cena? ¡Quién sabe! Pero la verdad es, ¡era hora de comer y Tío Zorro tenía mucha hambre!

## Discutimos...

## ...con tu profesor/a:

**1**   Con tu profesor/a, haz una «lluvia de ideas» acerca del cuento. Escribe las palabras y frases aquí:

EL TÍO ZORRO

## ...con tu compañero/a:

**2**   Un periodista entrevista a la vecina de Gallina, Señora Rana, acerca del incidente con Tío Zorro y Gallo. Con tu compañero/a, llena los espacios en el diálogo con información del cuento. Después de completar las frases, lee la entrevista con tu compañero/a.

**Periodista:** Señora Rana, ¿por qué fue Tío Zorro a la casa de Gallina?

**Señora Rana:** _____

**P:** _____

**Sra. R:** El Gallo entró y persiguió al Zorro por todo el bosque.

**P:** ¿Qué pasó en el bosque?

**Sra. R:** _____

**P:** ¿Dónde está el Tío Zorro ahora?

**Sra. R:** _____

**3**   En el ejercicio número 5 en la página 6, tú tomaste el
papel de detective. ¿Te acuerdas de las adivinanzas que
hiciste acerca del cuento? Ahora, con tu compañero/a,
escribe tu reporte final. Puedes referirte a la página 6 o
al cuento si es necesario. Después de escribir el reporte,
uno debe tomar el papel del cliente y el otro puede ser el
detective. Detective: léele el reporte a tu cliente. Cliente:
haz preguntas adicionales del caso.

---

Del escritorio del investigador famoso

_____

*(tu nombre aquí)*

**REPORTE FINAL: El caso del Tío Zorro**

---

# ...tú solo/a:

**4**   Contesta estas preguntas acerca del cuento:

**1.** ¿Por qué crees que Gallina dejó entrar a Zorro?

**2.** ¿Qué crees que hizo Zorro después de atrapar a
Gallo?

**3.** ¿El fin de este cuento es típico de los cuentos para
jovenes? Explica tu respuesta.

**5**   ¿Tienes una mascota en casa o conoces a alguien con mascotas? ¿Qué pasa cuando la gente trata a sus animales como humanos? Escribe aquí una fábula acerca de tus animales favoritos. Trata de incluir una lección en tu cuento. Después, haz una propaganda usando el personaje principal de tu cuento enseñando la lección del cuento.

Mi cuento:

por ejemplo:

**Señor Gato dice:**
**¡No sean perezosos!**

Mi propaganda:

# El perezoso dichoso

## El cuento del cuento...

Este cuento es de México, nuestro vecino al sur, de un pueblo pequeño llamado Tepotzlán. En este lugar existe una montaña, Tepozteco, que según la gente, tiene poderes mágicos. Mucha gente visita esta montaña para compartir su energía sobrenatural y para curar enfermedades. Quizás la magia de esta montaña inspiró este cuento de un niño que empezó con nada y, sin trabajar mucho, terminó siendo rico.

# Comencemos...

## ...con tu profesor/a:

**1** Lee estas palabras en voz alta con tu profesor/a.

| | | |
|---|---|---|
| CALENTARSE | EL FUEGO | LOS QUEHACERES |
| EL HOGAR | LA PEREZA | LA CENIZA |
| SORPRENDER | LA MONEDA | LAS LLAMAS |
| ACERCARSE | HUIR | LOS TESOROS |

# ...con tu compañero/a:

**2**   Con tu compañero/a, organiza las palabras de la página
18 en estas dos columnas.

| los nombres | los verbos |
|---|---|
|  |  |

**3**   Ahora vas a poder crear tus propias palabras. ¿Sabes
como inventar un adjetivo de cualquier verbo? Sigue
estos pasos:

| *Si el verbo termina en -ar* | *Si el verbo termina en -er o -ir* |
|---|---|
| 1 - quita el "-ar" | 1 - quita el "-er" o "-ir" |
| 2 - coloca "-ado" | 2 - coloca "-ido" |

Por ejemplo:

| verbos | quita el -ar / -er | coloca -ado / -ido | los adjetivos |
|---|---|---|---|
| complicar | complic- | complic*ado* | complicado |
| sorprender | sorprend- | sorprend*ido* | sorprendido |

¡Ahora tú! Crea adjetivos de los verbos de la lista de
vocabulario nuevo.

| los verbos | quita el "-ar", "-er" o "-ir" | coloca "-ado" o "-ido" | los adjetivos |
|---|---|---|---|
|  |  |  |  |

**4**   Con tu compañero/a, escribe un diálogo usando algunos
de tus adjetivos nuevos. La conversación entre ustedes
puede ser chistosa o loca... (no se olviden de usar
palabras que ya saben). ¡Sé creativo/a! Después de
escribir la conversación, léanla en voz alta, actuando las
dos partes con sentimiento.

amigo #1: _____

amigo #2: _____

amigo #1: _____

amigo #2: _____

amigo #1: _____

## ...tú solo/a:

**5**   Ya sabes el origen del cuento y algunas de las palabras
importantes. Dibuja una pequeña imagen de tu idea del
cuento.

## Leemos...

# ...con tu profesor/a:

**1** Mientras tu profesor/a lee el cuento por primera vez, escucha y lee sin hablar.

**2** Tu profesor/a va a leer el cuento otra vez. Al escuchar una de las palabras nuevas, dibuja un círculo con tu dedo alrededor del dibujo apropiado en la página 18.

# ...con tu compañero/a:

**3** Lee el cuento una vez más con tu compañero/a en voz alta. Comparte la lectura: tu amigo/a lee la primera frase y tú lees la segunda. Tu amigo lee la tercera frase y... etc.

# ...tú solo/a:

**4** Lee el cuento otra vez. Subraya todas las palabras que todavía no comprendes y escríbelas aquí. Busca su significado en el diccionario. ¿Necesitas estas palabras para comprender el cuento?

| palabras desconocidas | su significado |
|---|---|
| | |
| | |

**5** Mira la ilustración del cuento. ¿Qué escena ilustra este dibujo? ¿Te ayuda a comprender el cuento o no? ¿Por qué?

# El perezoso dichoso

**U**n muchacho vivía *calentándose* todos los días junto a un *fuego*. Nunca quería hacer nada de trabajo ni ayudar en la casa con *los quehaceres*. Como el muchacho no contribuía al *hogar*, su tío tenía que vender en el mercado todos los días sin descansar. Un día, cansado con *la pereza* del muchacho, el tío lo invitó al mercado.

—¿Pero qué vendo?—preguntó el muchacho. El tío pensó y dijo: «la *ceniza* de tu fuego.»

El muchacho decidió ir con su tío porque pensó que podía ganar dinero sin tener que hacer mucho.

En el mercado, el muchacho perezoso trató de vender su ceniza. Cuando una señora lo vio *se sorprendió* y le dijo: —Muchacho, nadie te va a comprar eso. Ten esta *moneda*... me das pena.

Satisfecho con su moneda, el muchacho dejó su mercancía y fue enseguida de compras. Lo primero que vio fue una bonita máscara en la forma del diablo y la compró.

Contento con su compra, el muchacho fue al bosque y preparó fuego. Un grupo de ladrones, al ver *las llamas, se acercó* y decidió calentarse junto al fuego. Pronto se durmieron todos.

Al despertarse, los ladrones vieron al muchacho con su máscara puesta y *huyeron*, pensando que era el diablo de verdad.

Se fueron y dejaron todos sus *tesoros* robados allí. El muchacho, no viendo otra cosa que hacer, llevó los objetos a casa.

En casa, el tío estaba contando el dinero que había ganado ese día. No ganó casi nada. El muchacho perezoso entró y le mostró al tío todos los tesoros abandonados por los ladrones. Se sorprendió mucho el pobre tío cuando vio todo lo que el muchacho consiguió con su ceniza.

## Discutimos...

## ...con tu profesor/a:

**1**   Con tu profesor/a, haz una «lluvia de ideas» acerca del
cuento. Escribe las palabras y frases.

## ...con tu compañero/a:

**2**   Con tu compañero/a, llena esta gráfica con elementos del
cuento. Si no están de acuerdo, trata de convencer a tu
amigo de tus ideas.

| ¿quién? | ¿dónde? | ¿qué? | ¿por qué? | ¿cómo? |
|---------|---------|-------|-----------|--------|
|         |         |       |           |        |
|         |         |       |           |        |

**3**   Hablando con tu compañero/a y sin mirar el cuento,
pongan estos eventos en el sitio donde tuvieron lugar en
el cuento, y en orden. Depués, lee el resultado con tu
compañero, usando frases como: «Primero, en la casa...» y
«después en el mercado...»

LA CASA

_____

_____

_____

$$$$$ EL MERCADO $$$$$

_____

_____

_____

 EL BOSQUE

_____

_____

_____

**El muchacho compra una máscara.**
**Aparecen unos ladrones.**
**El tío invita al muchacho a vender en el mercado.**
**El muchacho pasa los días calentándose.**
**Una señora le regala al muchacho una moneda.**
**Los ladrones se asustan al ver al «diablo.»**
**El muchacho muestra sus tesoros al tío.**
**El muchacho no vende nada.**
**Los ladrones se van, dejando su tesoro.**

# ...tú solo/a:

**4** Contesta estas preguntas acerca del cuento.

   **1.** ¿Conoces a una persona como el muchacho? ¿Cómo es?

   **2.** ¿Es posible ganar tanto por hacer poco? Defiende tu posición.

   **3.** ¿Eres tú una persona perezosa? Explica tu respuesta.

**5** En muchos programas cómicos de la televisión (los «sit-coms») ocurren series de eventos ilógicos e inesperados, así como ocurre en el cuento del perezoso dichoso. ¿Puedes recordar algunos de tus programas favoritos en los cuales ocurren cosas así? Ahora te toca a ti ser un productor de televisión. Crea un pequeño programa para la televisión. Incluye una lista de actores, una descripción del escenario y los eventos. ¡Sé creativo/a!

**Título**: _____

Actores: _____

Escenario: _____

Eventos: _____

Ahora, dibuja lo que van a ver los televidentes:

# La ciudad de los monos

# El cuento del cuento...

En la parte oeste de Honduras hay un pueblo llamado Copán. A una distancia de doce millas de la frontera con Guatemala, Copán tiene unas ruinas mayas. Las ruinas de Copán son reconocidas como las ruinas mayas más artísticas y mejor preservadas del mundo. Se preservaron tan bien porque están situadas entre las montañas y el bosque. El cuento de la ciudad de los monos viene de esta área de Honduras.

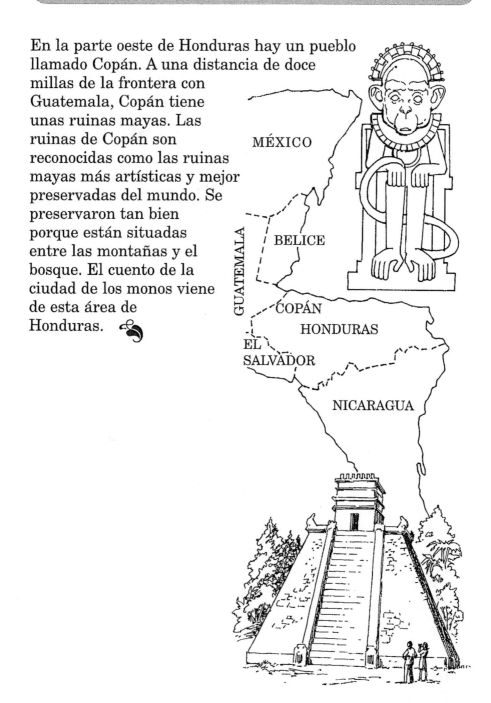

# Comencemos...

## ...con tu profesor/a:

**1** Lee estas palabras en voz alta con tu profesor/a.

| MORIR | PELEAR | LOS CELOS |
| LOS MONOS | EL DESEO | LA ENTRADA |
| ACERCARSE | ADENTRO | LA FELICIDAD |
| EL MENSAJERO | LA BODA | ASISTIR |

## ...con tu compañero/a:

**2**  Con tu compañero/a, organiza las palabras de la página
32 en estas tres columnas.

| los nombres | los verbos | los adjetivos |
| --- | --- | --- |
|  |  |  |

**3**  Juega al «hombre colgado» con tu amigo/a. Escribe una
palabra del cuento/a. Tu amigo/a adivina cuál es la
palabra secreta, letra por letra. Cada vez que tu amigo/a
escoge una letra incorrecta, dibuja una parte del cuerpo
del hombre (cabeza, cuerpo, dos brazos, dos piernas). Si
no adivina tu palabra antes de dibujar todas las partes
del cuerpo, ¡tu amigo/a pierde!

tu palabra: _____           letras incorrectas:

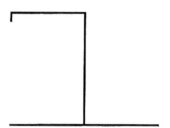
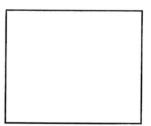

**4**  Busca algunas de las palabras nuevas del cuento. Con tu
compañero/a, llena los espacios y después busca las
palabras en el cuadro.

**1.** el opuesto de vivir  _____

**2.** animales que a veces parecen personas  _____

**3.** persona que trae mensajes  _____

**4.** ocasión cuando dos personas se casan  _____

**5.** el opuesto de tristeza _____

| | | | | | | | | | | | | | | | | | | |
|---|---|---|---|---|---|---|---|---|---|---|---|---|---|---|---|---|---|---|
| I | Q | B | N | W | A | X | L | O | E | N | C | O | Y | Z | L | O | S | W | B | E | L |
| P | I | F | E | R | Z | Y | B | D | S | L | A | F | E | L | I | C | I | D | A | D | M |
| L | R | N | O | V | C | C | G | F | M | F | A | E | T | O | A | U | Q | L | A | N | P |
| O | H | T | S | A | A | H | D | B | S | K | R | L | T | S | U | L | V | I | W | M | X |
| O | U | A | M | U | T | O | I | T | I | A | R | B | S | M | B | C | P | P | D | Y | B |
| E | L | M | E | N | S | A | J | E | R | O | B | C | D | O | C | O | L | Z | L | A | S |
| V | I | O | V | M | N | E | M | C | O | J | L | A | M | N | N | O | M | A | R | Z | I |
| E | W | R | A | H | F | I | G | L | G | L | K | A | E | O | F | B | M | I | C | A | M |
| Y | P | I | X | I | J | H | R | S | H | L | T | B | U | S | V | N | W | X | N | Y | A |
| N | C | R | R | G | K | P | Q | A | C | T | D | D | E | A | F | Z | G | R | H | L | I |
| Y | B | M | S | F | Z | J | S | H | L | A | B | O | D | A | I | O | J | R | K | W | J |

# tú solo/a:

**5**   Ya sabes el origen del cuento y algunas de las palabras y
frases. ¿Puedes adivinar de qué se trata? Crea una lista
de los eventos del cuento.

## Leemos...

# ...con tu profesor/a:

**1**   Mientras tu profesor/a lee el cuento por primera vez,
escucha y lee sin hablar.

**2**   Tu profesor/a va a leer el cuento otra vez. Al escuchar
una de las palabras nuevas, señala el dibujo apropiado en
la página 32.

# ...con tu compañero/a:

**3**   Lee el cuento una vez más con tu compañero/a en voz
alta. Comparte la lectura: tu amigo/a lee la primera

frase y tú lees la segunda. Tu amigo lee la tercera frase
y...etc.

## ...tú solo/a:

**4** Lee el cuento otra vez. Subraya todas las palabras que
todavía no comprendes y escríbelas aquí. Busca su
significado en el diccionario. ¿Necesitas estas palabras
para comprender el cuento?

| Palabras desconocidas | su significado |
|---|---|
|  |  |

**5** Mira la ilustración del cuento. ¿Qué piensas tú que
ilustra ese dibujo?

# La ciudad de los monos

Un señor muy viejo sabía que se iba a *morir*. Tenía un poquito de dinero para sus dos hijos. Pero también sabía que sus hijos *peleaban* mucho y se tenían *celos*. Decidió hacerles una oferta. Les dijo:

—Queridos hijos. Yo no tengo muchos días más en este mundo. Tomen este dinero y empiecen su propia familia. Pero váyanse ahora mismo y en distintos caminos.

Los hijos no querían dejar solo a su padre, pero respetaron su último *deseo* y se fueron, uno a la izquierda y el otro a la derecha.

El hijo que se fue a la izquierda pronto encontró una ciudad linda en el medio del bosque. En *la entrada* había miles de *monos*. Al *acercarse* a la puerta central, un mono le dijo al señor:

—Puedes entrar, pero nunca debes salir.

El señor no entendió de qué hablaba el mono y entró sin pensar mucho. Dentro de la ciudad había mucha gente. Casi instantáneamente, vio a una mujer muy bonita.

La mujer y el hombre pasaron el día juntos y, al final del día, empezaron a hablar de matrimonio. Pero la mujer se puso triste y dijo:

—Necesito hablar contigo. No podemos casarnos. Tengo un secreto muy importante. Yo no soy lo que tú piensas. Si te casas conmigo, nunca vamos a poder salir de la ciudad.

Hablaron por mucho tiempo. El señor quería casarse con la mujer y al día siguiente se casaron.

Vivieron por años en pura *felicidad* y tuvieron muchos hijos. De vez en cuando, el señor pensaba en su hermano, pero no mucho. Hasta que un día llegó *un mensajero* a la ciudad con una invitación a *la boda* del hermano. El hombre fue corriendo a su bella esposa y le dijo:

—Mi amor, tenemos que ir a la boda de mi hermano. Quiero que vea a mi familia y lo contento que estoy.

La esposa trató de explicarle de nuevo las consecuencias de salir de la ciudad, pero el señor no escuchaba. Le dijo:

—Si tú me quieres, vas conmigo a la boda.

La esposa sí quería mucho a su esposo y decidió *asistir* a la boda. Pero apenas salieron de la ciudad, la esposa y todos los hijos se convirtieron en monos. Aquella ciudad era mágica y los monos tomaban apariencia de personas sólo cuando estaban adentro, pero al salir, se convertían de nuevo en monos. Y así fueron a la boda: el hermano y su familia mona.

## Discutimos...

## ...con tu profesor/a:

**1**   Con tu profesor/a, haz una «lluvia de ideas» acerca del cuento.

LA CIUDAD
DE LOS MONOS

## ...con tu compañero/a:

**2**   Con tu compañero/a, llena esta gráfica con elementos del cuento.

| ¿quién? | ¿dónde? | ¿qué? | ¿por qué? | ¿cómo? |
|---------|---------|-------|-----------|--------|
|         |         |       |           |        |

**3**   En el cuento, los hermanos nunca se hablan. Con tu compañero/a, crea un diálogo entre los dos hermanos. ¿Qué dicen del padre? ¿Por qué pelean tanto? ¿Qué opina cada uno de la vida del otro?

Hermano #1: _____

Hermano #2: _____

Hermano #1: _____

Hermano #2: _____

Hermano #1: _____

???: _____

## ...tú solo/a:

**4**   Contesta estas preguntas acerca del cuento:

    **1.** ¿Por qué los dos hermanos tienen que separarse?

    **2.** ¿Por qué decide el hombre ignorar las advertencias de su esposa?

    **3.** ¿Es justo lo que le pasó al hombre? ¿por qué? o ¿por qué no?

**5**   El cuento de la ciudad de los monos parece una película. Tiene personajes increíbles y magia. Ahora te toca a ti: escribe tu propia película de fantasía llenando la información necesaria en los espacios que siguen. Después de escribir, crea un poster para usar como propaganda para tu película.

**Título de la película:**

**actores/actrices:**

**personajes:**

**escena:**

**eventos principales:**

**un ejemplo de diálogo:**

**el fin:**

**mi poster:**

*(el título de tu película aquí)*

# La abeja haragana

## El cuento del cuento...

El cuento de la abeja haragana es de un escritor uruguayo llamado Horacio Quiroga. Aunque Quiroga nació en Salto, Uruguay, pasó la mayoría de su vida en Misiones, una zona tropical en Argentina. Por eso, muchos de los cuentos de Quiroga hablan de la selva. Él quería mucho la naturaleza y escribía acerca de las plantas y, sobre todo, los animales de esta zona. Esta historia viene de una colección llamada *Cuentos de la selva.*

## Comencemos...

## ...con tu profesor/a:

**1**   Lee estas palabras en voz alta con tu profesor/a:

| | | |
|---|---|---|
| LA ABEJA | LA COLMENA | HARAGÁN |
| EGOÍSTA | HACER CASO | TENER SUEÑO |
| MERECER | EL REFUGIO | EL HUECO |
| HAMBRIENTO/A | LA PATA | LA HOJA |

# ...con tu compañero/a:

**2** Con tu compañero/a, organiza las palabras de la página 46 en estas tres columnas.

| los nombres | los verbos | los adjetivos |
|---|---|---|
|  |  |  |

**3** Busca ejemplos de opuestos con un compañero/a. Tú dices una palabra y tu compañero actúa lo opuesto. Sigue el ejemplo:

| palabra | opuesto |
|---|---|
| hacer caso |  |
| tener sueño |  |
| tener hambre |  |
| haragán |  |
| egoísta |  |

**4** El cuento usa las expresiones **tener hambre, tener sueño** (tenía hambre, tenía sueño). Escribe oraciones con otras expresiones con **tener** (frío, calor, miedo, prisa...).

**5** Escribe un informe de noticias acerca de un personaje famoso. Usa palabras del cuento y otras que ya sabes. Lee tu reporte a tu compañero/a en el estilo de un reportero de la televisión.

## tú solo/a:

**6** Ya sabes el origen del cuento y algunas de las palabras y frases. ¿Puedes adivinar de qué se trata? Usa las preguntas para guiar tus ideas.

Creo que los personajes son: _____

*¿quién?*

Creo que los personajes están en: _____

*¿dónde?*

Creo que el problema o situación es: _____

*¿qué? ¿por qué?*

Creo que al fin: _____

*¿cómo?*

## Leemos...

## ...con tu profesor/a:

**1**   Mientras tu profesor/a lee el cuento por primera vez,
escucha y lee sin hablar.

**2**   Tu profesor/a va a leer el cuento otra vez. Al escuchar
una de las palabras nuevas, marca un círculo con el dedo
alrededor del dibujo apropiado en la página 46.

## ...con tu compañero/a:

**3**   Lee el cuento una vez más con tu compañero/a en voz
alta. Comparte la lectura: tu amigo/a lee la primera frase
y tú lees la segunda. Tu amigo lee la tercera frase y... etc.

## ...tú solo/a:

**4**   Lee el cuento otra vez. Subraya todas las palabras que
todavía no comprendes y escríbelas aquí. Busca su
significado en el diccionario. ¿Necesitas estas palabras
para comprender el cuento?

| palabras desconocidas | su significado |
|---|---|
|  |  |

**5**   Mira la ilustración del cuento. ¿Qué escena ilustra este
dibujo? ¿Te ayuda a comprender el cuento o no? ¿Por qué?

# La abeja haragana

Vivía en el bosque una familia de *abejas*. Todos los días, las abejas trabajaban, recolectando el jugo de las flores para llevarlo a *la colmena*. Todos ayudaban, menos una abeja. Como las otras, esta abeja pasaba los días volando de flor en flor buscando jugo. Pero esta esta abeja se tomaba el jugo sin llevar nada a casa.

En la colmena siempre había dos guardias para proteger la entrada. Todos los días, estas guardias, dos abejas muy viejas y respetadas, decían a la abeja *haragana*:
—Toda abeja debe trabajar para la familia.

Pero la abeja *egoísta* no *hacía caso*, siempre diciendo:
—Sí, sí. Mañana voy a trabajar. Ahora, déjenme pasar porque *tengo sueño*.

Esto pasó por mucho tiempo hasta un día en abril. Llegaba el invierno y la abeja haragana continuaba sin colectar nada para la familia. Este día, cuando llegó a la colmena, las guardias no la dejaron pasar. Dijeron:
—No ayudas, no *mereces* pasar la noche aquí.

La abejita no sabía qué hacer. Ya pronto llegaba la noche y con ella, el frío. Pero las guardias no se movían. No había nada más que hacer que buscar un lugar seguro para pasar la noche afuera.

Volaba y volaba, buscando *un refugio*, hasta no poder más y la abeja se cayó del cansancio en *un hueco*. Allí encontró una serpiente que *tenía hambre*. La serpiente, viendo una cena segura, decidió jugar un poco con su comida. Le dijo a la abeja:
—Yo te voy a comer, ¿sabes? Pero primero, vamos a jugar un juego: te dejo dormir aquí en mi hueco esta noche si puedes hacer algo que yo no puedo hacer. —Y con eso la serpiente se sonrió, creyéndose muy inteligente.

La abeja pensó un minuto. —¿Qué hago?—pensó. Mientras pensaba, vio una planta muy especial en el hueco y sabía qué podía hacer.
—Bueno. Yo voy a desaparecer sin salir del hueco, pero tienes que cerrar los ojos por un instante. —A la serpiente le pareció imposible y sabía que la abeja no podía hacer eso.
—Bueno. Hazlo. —Dijo.

La serpiente cerró los ojos y la abeja voló a la planta. Tocó una de sus hojas con *la pata* y ... ¡pún!...cerró *la hoja*, escondiendo a la abeja. Cuando la serpiente abrió los ojos, no podía encontrar a la abeja para nada.

Convencida, la serpiente dejó a la abeja dormir en su hueco esa noche. Por la mañana, la abeja salió rápido del hueco y volvió a su colmena muy cambiada. Desde ese día, la abejita era la trabajadora más dedicada de la colmena.

## Discutimos...

## ...con tu profesor/a:

**1**    Con tu profesor/a, haz una «lluvia de ideas» acerca del
        cuento.

## ...con tu compañero/a:

**2**    Hablando con tu compañero/a y sin mirar el cuento,
        escribe un pequeño diálogo del cuento. Después de
        escribir, pueden leer el diálogo, uno como la abeja y el
        otro como la serpiente.

        La abeja: _____

        La serpiente: _____

        La abeja: _____

        La serpiente: _____

        La abeja: _____

La serpiente: _____

???: _____

**3** ¿Te acuerdas de las adivinanzas que hiciste acerca del cuento? Con tu compañero/a, llena esta gráfica con elementos del cuento. Puedes referirte a tus respuestas al ejercicio #5 en la página 49 a ver si tenías razón.

| ¿quién? | ¿dónde? | ¿qué? | ¿por qué? | ¿cómo? |
|---------|---------|-------|-----------|--------|
|         |         |       |           |        |
|         |         |       |           |        |

## ...tú solo/a:

**4** Contesta estas preguntas acerca del cuento.

1. ¿Por qué crees que la abeja no quería trabajar para su familia?

2. Las guardias no dejaron entrar a la abeja en su casa. ¿Te parece justo? ¿Por qué o por qué no?

3. ¿Qué crees que cambió en la mente de la abeja después del incidente con la serpiente?

**5** En los países al sur del ecuador, las estaciones son opuestas a las del norte. Por ejemplo, cuando en los E.E.U.U. estamos en verano, en Argentina están en invierno. ¿En qué parte del cuento podemos saber que la abeja y la serpiente viven en el sur y no en el norte? ¿Qué estación es ahora en Argentina o Uruguay?

**6** Este cuento trata de enseñar una lección acerca de la pereza. ¿Conoces algunos consejos o lecciones así? ¿Qué

lecciones tratan de enseñar? Ahora, tú eres el profesor/la
profesora. Trata de escribir una lección para niños.
Primero haz un poster para ilustrar la lección. Después,
escribe el plan para una lección que darías a tus
«estudiantes».

Mi poster:

Mi lección:

**tema principal:** _____

**materiales:** _____

**la charla:** _____

**actividades:** _____

**tarea:** _____

# La tortuga gigante

## El cuento del cuento...

Horacio Quiroga escribió este
cuento de la tortuga gigante.
Como ya sabes, Quiroga nació
en Uruguay, pero vivió mucha
parte de su vida en la zona de
selva, una provincia llamada
Misiones. El personaje principal
del cuento hizo el viaje de
Buenos Aires, la capital, a
Misiones. Después de leer
el cuento, mira otra
vez este mapa
que muestra la
distancia
entre
Misiones
y Buenos
Aires. ¡Es
impresionante!

HORACIO
QUIROGA

## Comencemos...

## ...con tu profesor/a:

**1**   Lee estas palabras en voz alta con tu profesor/a:

| | | |
|---|---|---|
| CURAR | LOS CUEROS | SALVAJES |
| EL DESCANSO | CAZAR | LA LAGUNA |
| LANZARSE | LA ESCOPETA | HERIDO/A |
| LA FIEBRE | LOS REMEDIOS | EL LOMO |

## ...con tu compañero/a:

**2**   Con tu compañero/a, organiza las palabras de la página
60 en estas tres columnas.

| los nombres | los verbos | los adjetivos |
| --- | --- | --- |
|  |  |  |

**3**   Con tu compañero, escribe una tarjeta postal, usando
algunas de las palabras de la lista en la página 60.

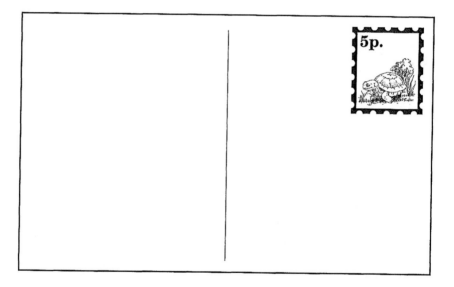

**4**   Con tu compañero/a, completa las frases con una palabra
del vocabulario. Después, llena la gráfica para leer un
mensaje secreto:

1. La _____ se usa para cazar.

2. Los animales que viven en la selva son _____

_____.

3. Es bueno tener un _____ si estás cansado.

4. En la_____ viven las tortugas.

1. ○○□○○○○○     ¿Por qué está cómoda

2. ○□○○○○○○     siempre la tortuga?

3. ○○○○○○□○     ¡Porque siempre está

4. ○○○○○□     en □□□□!

## ...tú solo/a:

5     Adivina de qué se trata el cuento que vas a leer. Llena esta gráfica con tus adivinanzas.

| ¿quién? | ¿dónde? | ¿qué? | ¿por qué? | ¿cómo? |
|---------|---------|-------|-----------|--------|
|         |         |       |           |        |

## Leemos...

## ...con tu profesor/a:

1     Mientras tu profesor/a lee el cuento por primera vez, escucha y lee sin hablar.

**2**   Tu profesor/a va a leer el cuento otra vez. Al escuchar una de las palabras nuevas, señala el dibujo apropiado en la página 60.

## ...con tu compañero/a:

**3**   Lee el cuento una vez más con tu compañero/a en voz alta. Comparte la lectura: tu amigo/a lee la primera frase y tú lees la segunda. Tu amigo lee la tercera frase y... etc.

## ...tú solo/a:

**4**   Lee el cuento otra vez. Subraya todas las palabras que todavía no comprendes y escríbelas aquí. Busca su significado en el diccionario. ¿Necesitas estas palabras para comprender el cuento?

| palabras desconocidas | su significado |
|---|---|
|  |  |

**5**   Mira la ilustración del cuento. ¿Qué escena ilustra este dibujo? ¿Te ayuda a comprender el cuento o no? ¿Por qué?

# La tortuga gigante

Un día, un señor alegre y trabajador de Buenos Aires se enfermó y los doctores le dijeron: «tienes que ir a pasar un rato en el campo para *curarte*.»

—No puedo ir. Mi familia me necesita.

Un amigo del señor, el director del zoológico, ofreció ayudar.

—Vete al campo—dijo el amigo—yo cuido a tu familia. Tú necesitas curarte y el aire del campo es bueno y limpio. Me puedes traer unos *cueros* de los animales *salvajes* para mi colección.

Con esa ayuda, el señor fue al campo, muy lejos de Buenos Aires, hasta Misiones, para su *descanso*.

En el campo, el señor pasó mucho tiempo en el sol y se curó rápidamente. *Cazó* animales y guardó los cueros para su amigo. Un día, caminando cerca de una gran *laguna*, vio una escena horrible. Vio un jaguar a punto de comer una tortuga gigante. Cuando el jaguar vio al hombre, soltó la tortuga y *se lanzó* sobre el señor. El hombre tenía su *escopeta* y con ella mató al jaguar. El señor pensaba comer la tortuga, pero vio que estaba *herida* y le dio pena. Decidió curarla.

Con alimentos y hierbas, el señor curó a la tortuga, pero el señor volvió a enfermarse. Tenía mucha *fiebre* y pronto empezó a hablar en voz alta, aunque estaba solo.

– Me voy a morir y nadie me puede ayudar.

La tortuga oyó todo y sabía lo seria que era la situación porque no había nadie para ayudar. El hombre salvó la vida de la tortuga y ahora ella decidió cuidar al hombre.

Todos los días, la tortuga gigante iba al bosque en busca de comida y agua para el hombre. Pero el señor se puso peor aún y gritaba en su delirio:

—Me voy a morir aquí. ¡Solamente en Buenos Aires hay *remedios* para salvarme la vida!

La tortuga gigante sabía que era la verdad. Puso al señor a su *lomo* y empezó el largo camino a Buenos Aires.

Caminaba y caminaba por días y noches. Paró únicamente para darle de comer al hombre. La tortuga casi no podía caminar más cuando vio las luces de la gran ciudad. Esa vista le dio más fuerza para continuar y la tortuga, con el hombre en su espalda, llegó a Buenos Aires.

El director del zoológico vio llegar la tortuga y su carga e inmediatamente llamó al doctor para curar al señor. Se curó gracias a la ayuda de la tortuga gigante y desde ese día, la tortuga vive en el zoológico. El señor la visita diariamente y le da palmadas suaves de cariño en el lomo.

## Discutimos...

## ...con tu profesor/a:

**1**  Con tu profesor/a, haz una «lluvia de ideas» acerca del cuento. Escribe las palabras y frases aquí:

## ...con tu compañero/a:

**2**  Hablando con tu compañero, decide si estas frases son verdaderas o falsas, según lo que dice el cuento. Para la pregunta número 5, no hay respuesta correcta o incorrecta—es tu opinión—. Pon una marca en *verdad* o en *falso* y después explica tu respuesta.

|  | *verdad* | *falso* |
|---|:---:|:---:|
| **1.** El hombre quiere dejar a su familia. | ☐ | ☐ |
| **2.** En el campo, el hombre mata un jaguar. | ☐ | ☐ |
| **3.** El hombre quería comer la tortuga. | ☐ | ☐ |
| **4.** La tortuga era perezosa. | ☐ | ☐ |
| ***5.** A la tortuga le gusta su nuevo hogar. | ☐ | ☐ |

*Creo que #5 es verdad/falso porque _____

**3** En el cuento, la tortuga y el hombre nunca tuvieron una conversación. Con tu compañero/a, escribe un diálogo imaginario entre ellos. ¿Qué dirían en la selva? ¿en el camino a Buenos Aires? ¿en el zoológico? Después de escribirlo, léelo en voz alta con tu amigo/a.

La tortuga: _____

El hombre: _____

La tortuga: _____

El hombre: _____

La tortuga: _____

El hombre: _____

???: _____

## ...tú solo/a:

**4** Contesta estas preguntas acerca del cuento.

1. ¿Por qué crees que el director del zoológico ofreció ayudar al hombre enfermo?

2. ¿Por qué crees que el hombre decidió no comer la tortuga?

3. ¿Crees que a la tortuga le gusta vivir en el zoológico? ¿por qué? o ¿por qué no?

**5** Hay unos asuntos difíciles en este cuento que pueden ofender a muchas personas. Por ejemplo, hay gente que

protesta el uso de abrigos de piel de animales (el director
del zoológico pide pieles de los animales de la selva). Para
vegetarianos, el hecho de que el señor iba a comer la
tortuga es ofensivo. ¿Qué opinas? ¿Alguna vez has
protestado algo? Escoge una causa (puede ser una de
estas dos ya mencionadas u otra) y escribe una carta de
protesta. Puedes dirigir tu carta al presidente, a una
organización o a un grupo (puedes inventar una
dirección). Después de escribir la carta, haz un dibujo de
una escena que demuestra tu protesta. El dibujo debe
apoyar tus ideas y protestas.


De: _____


_____


_____


A: _____


_____


_____


Estimado _____,


_____


_____


_____

Una imagen de protesta:

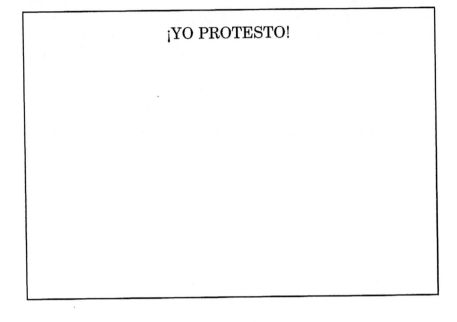

# La costurera malvada

# El cuento del cuento...

Este relato viene de Argentina, un país en la parte sureste de la América del Sur. El cuento tiene su origen en Buenos Aires, que es la capital del país. Buenos Aires es una ciudad moderna con edificios grandes, calles anchas y muchos negocios. Probable-mente, la mujer de este cuento trabajaba en un barrio de Buenos Aires llamado «La Boca.» Es un vecindario pintado de colores muy vivos donde vivían (y todavía viven) muchos músicos, artistas y artesanos.

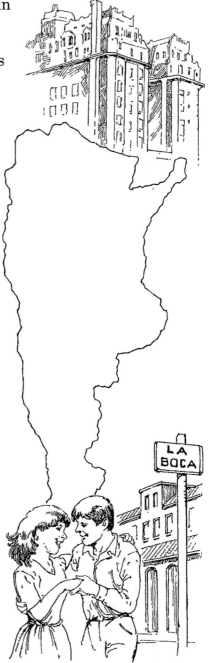

## Comencemos...

## ...con tu profesor/a:

**1**    Lee estas palabras en voz alta con tu profesor/a.

| | | |
|---|---|---|
| LA COSTURERA | HACER TRAMPA | ENTREGAR |
| ROTO/A | COSER | ARREGLAR |
| CALIDAD | DURO/A | PUNTIAGUDO |
| EL CASTIGO | CONVERTIR | LAS TIJERAS |

## ...con tu compañero/a:

**2**  Con tu compañero/a, organiza las palabras de la página 74 en estas tres columnas.

| los nombres | los verbos | los adjetivos |
| --- | --- | --- |
|  |  |  |

**3**  Juega a «Cuento loco» con tu compañero/a, usando las palabras de ejercicio número 2. Una persona pide palabras del cuento de la otra y las escribe en los espacios apropiados. Después de llenar el cuento, léelo en voz alta para tu «cuento loco.»

Yo conozco a un/a _____ _____.
                         *(nombre)*              *(adjetivo)*

A esta persona le encanta _____ cosas muy viejas.
                                      *(verbo)*

También juega con cosas _____. Esto no es
                                  *(adjetivo)*

buena idea. No debe _____ estas cosas. ¡Puede ser
                              *(verbo)*

_____!
*(adjetivo)*

**4**  Ahora, trata de escribir tu propio «cuento loco.» Primero, escribe un cuento corto. Después, saca unas tres o cuatro palabras y en su lugar, pon *nombre*, *verbo* o *adjetivo*, según el tipo de palabra que necesitas. Juega con tu compañero/a.

el cuento:

el cuento loco (tu cuento menos unas palabras):

## ...tú solo/a:

**5** Ya sabes el origen del cuento y algunas de las palabras y frases. Basado en la información que ya sabes, llena este mapa del cuento:

Título: **La costurera malvada**

Escena:

```



```

Personajes: _____  _____

_____  _____

Problema:

```



```

Primer evento _____

Segundo evento _____

Tercer evento _____

## Leemos...

## ...con tu profesor/a:

**1** Mientras tu profesor/a lee el cuento por primera vez, escucha y lee sin hablar.

**2** Tu profesor/a va a leer el cuento otra vez. Al escuchar una de las palabras nuevas, toca el dibujo apropiado en la página 74.

## ...con tu compañero/a:

**3** Lee el cuento una vez más con tu compañero/a en voz alta. Comparte la lectura: tu amigo/a lee la primera frase y tú lees la segunda. Tu amigo/a lee la tercera frase y... etc.

## ...tú solo/a:

**4** Lee el cuento otra vez. Subraya todas las palabras que todavía no comprendes y escríbelas aquí. Busca su significado en el diccionario. ¿Necesitas estas palabras para comprender el cuento?

| palabras desconocidas | su significado |
|---|---|
|  |  |

**5** Mira la ilustración del cuento. ¿Es una buena representación del cuento? ¿Por qué? o ¿por qué no?

# La costurera malvada

En un pueblo lejos de aquí había una *costurera* muy mal educada que le *hacía trampa* a sus clientes. Tenía muchos clientes porque nadie sabía las cosas malas que hacía.

Un día una señora muy pobre llegó al taller de la costurera. Tenía con ella un vestido muy bonito que tenía un hueco. Al ver el vestido, la costurera le dijo a la señora:

—No se preocupe, señora. Yo voy a arreglar este bonito vestido.

La cliente le *entregó* el vestido *roto* para *coser*. La costurera agarró el vestido y a cambio le entregó un recibo a la señora pobre.

Cuando la señora salió, la costurera empezó a mirar el vestido.

—Sí, tiene un hueco —pensó—. Pero es un vestido muy bonito. Y ¡qué suerte! El vestido es de mi talla. Voy a probarlo a ver cómo me queda.

La costurera, con malas ideas en la mente, probó el vestido. Le quedaba perfecto.

—Yo quiero este vestido para mí —pensó la costurera—. ¿Cómo puedo hacerle trampa a la mujer?

Pensó y pensó hasta inventar un plan simple para engañar a la señora.

—La señora es un poco ciega—pensó—. Yo puedo cambiar el vestido por otro. Seguro que no ve la diferencia.

La costurera buscó por toda la casa y encontró un vestido del mismo color y estilo, pero de menor calidad. ¡Qué mala era la costurera!

Al día siguiente, cuando la señora pobre regresó, la costurera le entregó el vestido viejo. La señora no vio nada extraño, pagó con el poco dinero que tenía y salió, contenta con su vestido arreglado.

Esa misma noche, la costurera salió a una fiesta con su vestido «nuevo.» Todo el mundo le decía:

—Ay, qué vestido tan bonito. ¡Qué guapa estás! ¡Qué mujer tan elegante!

La costurera bailó toda la noche y llegó tarde a casa. Al día siguiente, se despertó y vio el vestido en el armario. ¡Pero no era el vestido bonito de la señora! ¡Era el vestido viejo, el que supuestamente ahora tenía la señora!

—Aquí hay un misterio —pensó—. La costurera se sintió muy rara. Tocó las piernas y las sintió muy duras y puntiagudas. Se miró en el espejo y vio una escena increíble. ¿Qué pasó aquí?

Como castigo por su maldad, la costurera se convirtió ¡en unas tijeras!

## Discutimos...

### ...con tu profesor/a:

**1** Con tu profesor/a, haz una «lluvia de ideas» acerca del cuento.

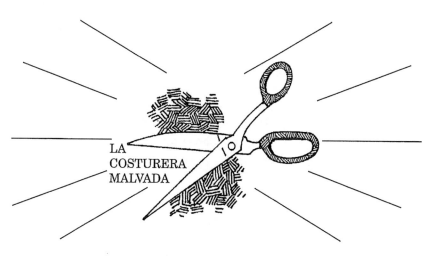

LA COSTURERA MALVADA

### ...con tu compañero/a:

**2** ¿Te acuerdas el mapa que llenaste acerca del cuento? Con tu compañero/a, llena este mapa con elementos del cuento. Puedes referirte a tus respuestas a ejercicio número 5 en la página 77 a ver si tenías razón.

Título: **La costurera malvada**

Escena:

Personajes: _____  _____

_____  _____

Problema:

```

```

Primer evento _____

Segundo evento _____

Tercer evento _____

**3**   Con tu compañero/a, escribe una obra corta basada en el
cuento. Después de escribir, léela en voz alta,
presentando los distintos personajes con diferentes voces
y con gestos apropiados.

---

La obra de **La costurera malvada**

adaptado por _____ y
_____(tu nombre aquí)_____

_____.
*(el nombre de tu compañero / a)*

---

**Personajes:**  _____  _____

_____  _____

**escena:** _____

**diálogo:**

## ...tú solo/a:

**4**   Imagina que tú eres el juez y el caso de la costurera llega
a tu corte. ¿Qué testigos quieres oír? ¿Qué testimonio
dan? ¿Qué pruebas necesitas ver? ¿Qué sentencia le das?
¿Por qué? Escribe una copia de tu oración explicando tu
veredicto y las razones que tienes.

| TESTIGOS: | TESTIMONIO: | PRUEBAS: |
|---|---|---|
|  |  |  |

**Proclamación del/de la Honorable Juez _____ :**

*(tu nombre aquí)*

**5**   ¿Alguna vez hiciste algo malo? Escribe aquí un cuento de
algo que hiciste (o puedes inventar algo), incluye lo que te
pasó como castigo. Después, haz una propaganda contra
la cosa mala para advertir a otros lo malo que es.

**Mi cuento:** _____

**Mi propaganda:** _____

| Si haces esto... | ...esto te pasa: |
|---|---|
|  |  |

# El enamorado

# El cuento del cuento...

El cuento del enamorado viene de una ciudad pequeña en el centro de Argentina llamada Córdoba. Como en casi todos los pueblos hispanos, en Córdoba hay una plaza con una catedral grande y bonita. El hombre elegante en este cuento pasaba sus días, según los cordobeses, enfrente de este gran edificio. Hoy en día, si tú tienes la oportunidad y la buena suerte de visitar Córdoba, puedes ver la catedral y las flores que crecen allí cerca.

## Comencemos...

## ...con tu profesor/a:

**1**    Lee estas palabras en voz alta con tu profesor/a:

| | | |
|---|---|---|
| LA CATEDRAL | VESTIRSE | EL CLAVEL |
| EL BOLSILLO | LA DAMA | LA TIERRA |
| TENER CELOS | APARECER | LA DESAPARICIÓN |
| FLORECER | EL CURA | SEMBRAR |

# ...con tu compañero/a:

**2**  Con tu compañero/a, organiza las palabras de la página
88 en estas dos columnas.

| los nombres | los verbos |
|---|---|
|  |  |

**3**  Juega a «Cuento loco» con tu compañero/a, usando las
palabras del ejercicio número 2. Una persona pide
palabras del cuento de la otra y las escribe en los
espacios apropiados. Después de llenar el cuento, léelo en
voz alta para tu «cuento loco».

En la clase hay un _____. Es imposible
    (nombre)

_____ una cosa tan extraña. Los estudiantes
  (verbo)

dicen que también hay _____, _____
              (nombre)         (nombre)

y hasta _____. La profesora _____ todos
    (nombre)                (verbo)

los días para no tener _____. ¡Qué cosa!, ¿no?
             (nombre)

**4**  Ahora, trata de escribir tu propio «Cuento loco». Primero,
escribe un cuento corto. Después saca unas tres o cuatro
palabras y en su lugar, pon *nombre, verbo* o *adjetivo,*
según el tipo de palabra que necesitas. Juega con tu
compañero/a.


El cuento:


El Cuento loco (tu cuento menos unas palabras):

# ...tú solo/a:

**5**   Ya sabes el origen del cuento y algunas de las palabras y frases. Basado en la información que ya sabes, llena este mapa del cuento.

Título: **El enamorado**

Escena:

```
┌────────────────────────────────────────────────┐
│                                                │
│                                                │
│                                                │
│                                                │
└────────────────────────────────────────────────┘
```

Personajes: _____  _____

_____  _____

Problema:

```
┌────────────────────────────────────────────────┐
│                                                │
│                                                │
│                                                │
│                                                │
└────────────────────────────────────────────────┘
```

Primer evento _____

Segundo evento _____

Tercer evento _____

## Leemos...

### ...con tu profesor/a:

1   Mientras tu profesor/a lee el cuento por primera vez,
    escucha y lee sin hablar.

2   Tu profesor/a va a leer el cuento otra vez. Al escuchar
    una de las palabras nuevas, señala el dibujo apropiado en
    la página 88.

### ...con tu compañero/a:

3   Lee el cuento una vez más con tu compañero/a en voz
    alta. Comparte la lectura: tu amigo/a lee la primera frase
    y tú lees la segunda. Tu amigo lee la tercera frase y... etc.

### ...tú solo/a:

4   Lee el cuento por última vez. Subraya todas las palabras
    que todavía no comprendes y escríbelas aquí. Busca su
    significado en el diccionario. ¿Necesitas estas palabras
    para comprender el cuento?

| palabras desconocidas | su significado |
|---|---|
|  |  |

5   Mira la ilustración del cuento. ¿Qué escena ilustra este
    dibujo? ¿Te ayuda a comprender el cuento o no? ¿Por qué?

# El enamorado

En la calle frente a la catedral de Córdoba, había un señor elegante que pasaba mucho tiempo en la plaza. El señor *se vestía* siempre de negro y usaba *un clavel* rojo en *el bolsillo* de su chaqueta.

Este señor siempre decía piropos a las señoras que pasaban. Decía cosas como:

—¡Qué linda *dama*! o ¡Tanta hermosura!

A veces preguntaba cosas como:

—¿Cómo puede tener una sola persona tanta belleza? o ¿Es posible ver a un ángel caminar en *la Tierra*?

Un día, el señor vio pasar a una mujer vestida de blanco. Él no la conocía. Ella era, sin duda, la mujer más bella del pueblo y le dijo su mejor piropo.

—¿Será que las flores *tienen celos* de una señora más linda que todas las flores del mundo?

A la señora no le impresionó para nada y siguió caminando. El señor no lo podía creer. Sólo quería ver una sonrisa en esa linda cara, pero la señora no se sonrió.

El hombre se puso muy triste. Después de ese día, no volvió a *aparecer* frente a la catedral. No apareció ni en la plaza ni en el parque. Las mujeres del pueblo se sintieron tristes. Aunque no prestaban atención al señor, les gustaban los piropos y las bonitas palabras del hombre elegante.

El día después de su *desaparición* pasó algo increíble. *Floreció* un jardín de claveles rojos frente a la catedral. Nadie sabía de dónde vinieron esas flores. Ni *el cura* ni los guardianes de la plaza las *sembraron*. Pero allí estaban, en el mismo lugar donde se paraba el hombre elegante y enamorado.

Ese día, pasó de nuevo la señora bonita vestida de blanco. Al ver los claveles, ella se paró. Miró las flores rojas y, finalmente, la señora... ¡se sonrió!

## Discutimos...

### ...con tu profesor/a:

**1**   Con tu profesor/a, haz una «lluvia de ideas» acerca del cuento.

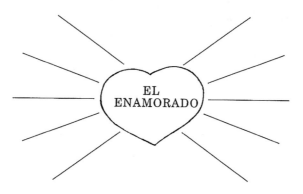

### ...con tu compañero/a:

**2**   En algunos países, los piropos son una parte importante de la cultura y son muy apreciados, tanto por las mujeres como por los hombres. ¿Son aceptables en los Estados Unidos? Con tu compañero/a, escoge un lado de la controversia (en favor del uso o conforme con el uso de piropos o en contra del uso) y lee tus opiniones en forma de un debate.

| Los piropos son aceptables. | Los piropos son inaceptables. |
|---|---|
|  |  |

**3**   En el pasado, los cines mostraban películas en segmentos—un episodio cada semana—. Con tu compañero/a, narra cinco o seis eventos, en el orden del cuento. Al final de cada segmento, da una idea del «futuro episodio». Lee todos los episodios con voz dramática. (Uno ya está hecho como ejemplo:)

| ☞ ESTA SEMANA: | ☞ LA SEMANA SIGUIENTE: |
|---|---|
| *El hombre enamorado pasa sus días enfrente de la catedral.* | *¡Vean como el señor dice piropos a las señoras!* |
| | |
| | |
| | |
| | |

## ...tú solo/a:

**4**  Contesta estas preguntas acerca del cuento.

    **1.** ¿Por qué crees que el señor decía piropos a las mujeres?

    **2.** ¿Quién era la señora de blanco?

    **3.** ¿Qué crees que le pasó al señor después del día que vio a la señora de blanco?

**5**  Los seres humanos expresan su aprecio por las cosas bonitas del mundo en maneras diferentes. Algunas personas pintan, mientras otras escriben poesía. Ahora te toca a ti: Escoge una cosa que te parece muy bonita (por ejemplo: las estrellas, tu perro o quizás un lugar especial). Ahora, trata de mostrar tu aprecio en dos formas: con palabras y con imagen. Para tu aprecio escrito, escribe un poema, una canción, un cuento corto o una carta. Para tu aprecio visual, haz un dibujo o un poema visual.

**Una de las cosas más lindas del mundo es:**

Mi aprecio escrito:

Mi aprecio visual:

# La Ciguapa

# El cuento del cuento...

En el Caribe hay una isla que tuvo varios nombres. Hoy en día, la isla la comparten dos países: Haití y la República Dominicana. Antes de estos nombres, la isla entera se conocía por el nombre La Española. Pero aún antes de eso, la gente que vivía en esta isla tropical llamaba a su hogar Quisqueya. Este nombre viene de los taíno, los habitantes indígenas de varias islas del Caribe (incluyendo Puerto Rico). El cuento de la Ciguapa viene de Quisqueya.

HAITÍ

REPÚBLICA
DOMINICANA

PUERTO
RICO

## Comencemos...

## ...con tu profesor/a:

**1** Lee estas palabras en voz alta con tu profesor/a.

| | | |
|---|---|---|
| LA BRUJA | LA PUESTA DEL SOL | EL AMANECER |
| HUIR | ESCONDER | GIRAR |
| AL REVÉS | LAS HUELLAS | COMPARTIR |
| APARTE | LA MITAD | LOS LLANTOS |

# ...con tu compañero/a:

**2**    Con tu compañero/a, organiza las palabras de la página
102 en estas tres columnas.

| los nombres | los verbos | los adjetivos |
| --- | --- | --- |
|  |  |  |

**3**    Con tu compañero/a, inventa un poster usando palabras
de la lista:

**por ejemplo:**

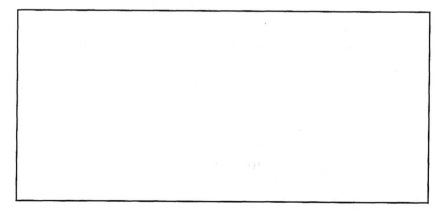

**4**    ¿Eres una persona honesta? Llena esta encuesta con tu
compañero/a (primero, uno pregunta y el otro contesta.
Después, cambia.) Después de contestar todas las

preguntas, suma los puntos (que aparecen al lado de cada respuesta) y mira a ver tu «nivel de honestidad».

**1.** ¿Te gusta *compartir* tus
   secretos?      ☐ sí (2)    ☐no (1)

**2.** ¿Prefieres *esconder* la verdad
   si duele decirla?      ☐ sí (1)    ☐ no (2)

**3.** ¿Prefieres *huir* de tus
   problemas?      ☐ sí (1)    ☐ no (2)

**4.** ¿Dices cosas *al revés* para
   evitar la verdad?      ☐ sí (1)    ☐ no (2)

**5.** ¿Para evitar *el llanto* de un/a
   amigo/a dirías una mentira?    ☐ sí (1)    ☐ no (2)

### TU TOTAL:

| | | |
|---|---|---|
| Entre 5–6 | → | ¡tú eres un/a mentiroso/a! |
| Entre 7–8 | → | dices la verdad (a veces) |
| Entre 9–10 | → | eres una persona muy honesta |

## ...tú solo/a:

**5** En la guía que televisión siempre hay un sinopsis de todos los programas para ayudarte a escoger un programa interesante. Ahora, escribe un pequeño resumen de tu idea del cuento basado en las palabras del vocabulario y el origen del cuento.

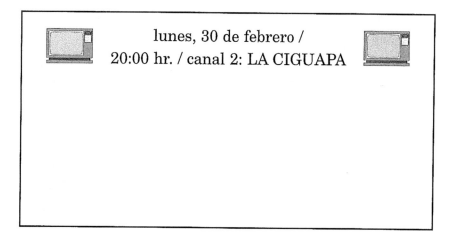

lunes, 30 de febrero /
20:00 hr. / canal 2: LA CIGUAPA

## Leemos...

## ...con tu profesor/a:

**1** Mientras tu profesor/a lee el cuento por primera vez, escucha y lee sin hablar.

**2** Tu profesor/a va a leer el cuento otra vez. Al escuchar una de las palabras nuevas, toca el dibujo apropiado en la página 102.

## ...con tu compañero/a:

**3** Lee el cuento una vez más con tu compañero/a en voz alta. Comparte la lectura: tu amigo/a lee la primera frase y tú lees la segunda. Tu amigo lee la tercera frase y... etc.

## ...tú solo/a:

**5** Lee el cuento otra vez. Subraya todas las palabras que todavía no comprendes y escríbelas aquí. Busca su significado en el diccionario. ¿Necesitas estas palabras para comprender el cuento?

| palabras desconocidas | su significado |
|---|---|
|  |  |

**5** Mira la ilustración del cuento. ¿Qué escena ilustra este dibujo? ¿Te ayuda a comprender el cuento o no? ¿Por qué?

# La Ciguapa

Ｈace muchos años, en un lugar que se llamaba Quisqueya, había *una bruja* llamada la Ciguapa. Ella tomaba la forma de una mujer linda y joven. Todos los días y todas las noches, ella andaba por las montañas.

Un día, la Ciguapa decidió explorar la tierra de la costa. Allí encontró a un hombre guapo y fuerte. Empezaron a hablar de sus tierras. La Ciguapa le contó al hombre lo lindas que son las montañas. El hombre le mostró lo bonita que es la costa. En pocas horas se enamoraron. Los dos hablaron hasta *la puesta del sol*.

Pasó un tiempo y la Ciguapa quería regresar a las montañas. Un día, al *amanecer*, la Ciguapa inventó un plan para *huir* de la costa sin avisar al hombre. Al salir de la cueva, ella decidió *esconder* sus pasos. *Giró* sus pies para el otro lado y así, con los pies *al revés*, caminó hacia sus montañas.

Cuando el hombre se despertó, vio que la Ciguapa no estaba y fue a buscar sus *huellas*. Buscaba y buscaba pero no más vio unas huellas que se dirigían hacia él.

Después de unos años be buscar, el hombre finalmente encontró la tierra de la Ciguapa. Ella tenía una niña. Cuando el hombre vio a la niña gritó:

—¡Una niña! ¡Es mía también! ¿Por qué no me dijiste? Vengan a vivir conmigo en la costa. Podemos ser una familia.

—¡Ni modo!—gritó la Ciguapa—. A mí me gustan las montañas. ¿Por qué no te quedas aquí con nosotras en las montañas?— preguntó.

Como ninguno de los dos quería vivir en la tierra del otro, decidieron *compartir* a su hija. La Ciguapa, con su magia, dividió a la niña en dos partes iguales. Una parte era niño y se fue con el papá a la costa. La otra parte era niña y se quedó en las montañas con la Ciguapa.

Con el tiempo, se murieron los padres. Las dos partes del hijo, ya dos adultos normales, pasaron sus vidas separados. Se quedaron con un sentimiento de tristeza y nunca lograron sentirse completos. Andaban por sus tierras, el niño en la costa y la niña en las montañas, buscando algo perdido.

Hoy en día, todavía buscan a su otra *mitad*. Podemos escuchar sus *llantos* tristes en la brisa de la costa y en el viento de las montañas.

## Discutimos...

## ...con tu profesor/a:

**1**   Con tu profesor/a, haz una «lluvia de ideas» acerca del cuento.

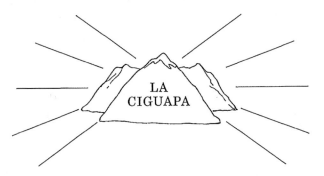

## ...con tu compañero/a:

**2**   En el cuento, la Ciguapa no quiere salir de sus montañas y el hombre no quiere irse de la costa. Con tu compañero/a, toma el papel del hombre y de la Ciguapa, y escribe los dos lados de la pregunta: ¿Cuál es mejor, las montañas o la costa? Después de escribirlo, léelo en voz alta en forma de debate.

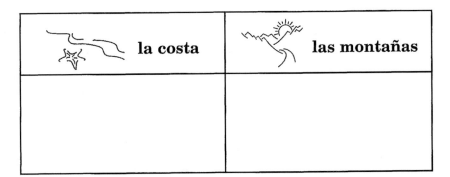

| la costa | las montañas |
|---|---|
|  |  |

**3**   Con tu compañero/a, escribe una obra corta basada en el cuento. Después de escribir, léela en voz alta, presentando a los distintos personajes con diferentes voces y con gestos apropiados.

---

### La Ciguapa

adaptado por _____ y
*(tu nombre aquí)*

_____.
*(el nombre de tu compañero / a)*

---

Personajes: _____   _____

_____   _____

escena: _____

diálogo: _____

## ...tú solo/a:

**4**   Contesta estas preguntas acerca del cuento.

**1.** ¿Cómo explicas las cosas extraordinarias que hace la Ciguapa?

**2.** ¿Por qué crees que ni la Ciguapa ni el hombre quieren abandonar su tierra?

**3.** ¿Es justo lo que le pasó a la niña de la pareja? Explica.

**5**   ¡Sé un autor famoso! Escribe tu librito para niños. En tu cuento, trata de incluir unos personajes (pueden ser animales, personas u objectos) que tienen poderes especiales, extraordinarios o mágicos. Después de escribir tu cuento, diseña la cubierta del libro.

**Título:** _____

| Personajes: | Poderes especiales: |
|---|---|
|  |  |

**Eventos:**

**La cubierta del libro:**

El cuento de

_____

*(tu título aquí)*

Por

_____

*(tu nombre aquí)*

# El cuento de las ranitas verdes

## El cuento del cuento...

Los taínos vivían en Quisqueya antes de llegar Cristóbal Colón. La relación entre los taínos y la tierra era muy importante. Ellos respetaban la tierra y la naturaleza. Por eso, cuando los taínos vieron que los nuevos inmigrantes a su isla no tenían las mismas creencias, crearon cuentos para explicar lo que vieron y lo que no entendieron. Éste es uno de estos cuentos.

## Comencemos...

## ...con tu profesor/a:

**1**   Lee estas palabras en voz alta con tu profesor/a.

| | | |
|---|---|---|
| LA PIEDRA | LAS ORILLAS | LAS RANITAS |
| PODEROSO/A | PROMETER | EL ORO |
| LA MUERTE | LAS MEDALLAS | AGRADECER |
| LOS RECURSOS | EL CHARCO | SECAR |

## ...con tu compañero/a:

**2**   Con tu compañero/a, organiza las palabras de la página
116 en estas tres columnas.

| los nombres | los verbos | los adjetivos |
|---|---|---|
|  |  |  |

**3**   Con tu amigo/a, llena estos anuncios de periódico con
palabras del cuento. ¡Sé creativo/a!

La actriz _____ _____
        *(nombre de una actriz)*                    *(verbo)*

_____ todos los días. ¡Qué sorpresa!
        *(nombre)*

El famoso cantante _____
                        *(nombre de un cantante)*

_____ _____ en
        *(verbo)*                    *(nombre)*

su casa frecuentemente. ¡Qué fenomenal! El deportista

_____ _____
    *(nombre de un deportista)*                *(verbo)*

_____ cada dos semanas. ¡Qué
        *(nombre)*

horror!

**4**   Ahora, escribe un reporte de noticias acerca de un
personaje famoso. Usa palabras del cuento y otras que ya
sabes. Lee tu reporte a tu compañero/a en el estilo de un
reporte de noticias de la televisión.

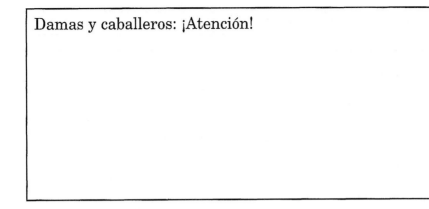

Damas y caballeros: ¡Atención!

## ...tú solo/a:

**5**  Tú eres un/a detective privado/a trabajando en un caso
especial. Las únicas claves que tienes son un papel con
las palabras de este cuento y la información acerca del
origen del cuento en la página 115. ¿Qué crees que pasó?
¿Qué teorías tienes sobre el caso? ¿Qué más necesitas
saber?

| claves | quiero saber... | teorías |
|--------|-----------------|---------|
|        |                 |         |

## Leemos...

## ...con tu profesor/a:

**1**  Mientras tu profesor/a lee el cuento por primera vez,
escucha y lee sin hablar.

**2**  Tu profesor/a va a leer el cuento otra vez. Al escuchar
una de las palabras nuevas, señala el dibujo apropiado en
la página 116.

## ...con tu compañero/a:

**3**   Lee el cuento una vez más con tu compañero/a en voz
alta. Comparte la lectura: tu amigo/a lee la primera frase
y tú lees la segunda. Tu amigo lee la tercera frase y... etc.

## ...tú solo/a:

**4**   Lee el cuento otra vez. Subraya todas las palabras que
todavía no comprendes y escríbelas aquí. Busca su
significado en el diccionario. ¿Necesitas estas palabras
para comprender el cuento?

| palabras desconocidas | su significado |
|---|---|
|  |  |

**5**   Mira la ilustración del cuento. ¿Qué escena ilustra este
dibujo? ¿Te ayuda a comprender el cuento o no? ¿Por qué?

# El cuento de
# las ranitas verdes

ace muchos años, los hombres tenían miedo del sol.
Pensaban que el sol tenía muchos poderes y por eso nunca
salían durante el día. Esperaban la noche para salir de
Cacibayaga, la cueva donde vivían. Una noche, un hombre se
quedó fuera de la cueva y al subir el sol, se tranformó en *una
piedra*.

Al salir de la cueva por la noche, el cacique, Guaguyona, vio
la piedra y se enojó. Decidió irse de la cueva para siempre.
Llamó a todas la mujeres y a sus hijos y los llevó a un gran río.
Allí les dijo:
—Debemos irnos de aquí porque es peligroso. Mujeres, dejen a
sus hijos aquí en *la orilla* del río. Los dioses van a cuidarlos.

Las mujeres no querían dejar a sus niños, pero así dijo el
cacique y ellas tenían que obedecer.

En la orilla del río los niños pasaron la noche y al subir el
sol al día siguiente, los convirtió a todos en *ranitas* verdes.
Gritaron «mamá, mamá», porque tenían mucho miedo.

La diosa del agua oyó los llantos de las ranitas. Subió del
agua y habló con ellos:

—Yo no puedo ayudarles porque el sol es más *poderoso* que yo. Pero sí puedo *prometerles* que, al *morir*, pueden volver a su cueva. Allí se covertirán en niños de nuevo y vivirán para siempre.

La diosa del agua les dio una medalla de *oro*. Y continuó: —Pero hay algo muy importante: tienen que morir de una *muerte* natural y, al morir, tienen que tener en su posesión esta medalla. Así pueden entrar en la cueva.

Las ranitas *agradecieron* a la diosa, cada una puso la medalla en la boca, y se fueron a vivir en las lagunas y los bosques de la isla. Vivieron por muchos años en paz, hasta la llegada de gente nueva a la isla. Esta gente no respetaba la naturaleza y usaba los *recursos* de la isla irresponsablemente. Con la llegada, muchas ranitas se murieron por falta de agua. Por eso nunca llegaron a su cueva.

Un día, el hijo de uno de estos nuevos inmigrantes vio una ranita muriéndose en *un charco* sin agua. Le dio pena y llevó la rana a un lago cercano.

—Pobre, ranita. Se va a morir.

Tenía razón el niño. La ranita se murió, pero con una sonrisa en la carita verde. Al morir, desapareció y dejó en su lugar, como regalo para el niño, una medalla pequeñita de oro.

## Discutimos...

### ...con tu profesor/a:

**1** Con tu profesor/a, haz una «lluvia de ideas» acerca del cuento. Escribe las palabras y frases aquí.

EL CUENTO DE LAS RANITAS VERDES

### ...con tu compañero/a:

**2** Hablando con tu compañero/a y sin mirar el cuento, escribe un pequeño diálogo del cuento. Después de escribir, pueden leer el diálogo, uno como la diosa, el otro puede ser una ranita.

La diosa: _____

Una ranita: _____

La diosa: _____

Una ranita: _____

La diosa: _____

Una ranita: _____

???: _____

**3**   ¿Te acuerdas las teorías que hiciste como detective?
Comparte tus ideas con tu compañero/a y llena esta
gráfica con elementos del cuento. Puedes referirte a tus
respuestas al ejercicio número 5 en la página 118 a ver si
tenías razón.

| claves (eventos del cuento) | teorías (nuestras ideas antes de leer el cuento) | resultados (¿Qué pasó al fin?) |
|---|---|---|
|  |  |  |

## ...tú solo/a:

**4**   Contesta estas preguntas acerca del cuento.

   **1.** ¿Por qué crees que el cacique decidió irse de la cueva?

   **2.** Las mujeres aceptaron la orden del cacique. ¿Estás de
   acuerdo?

   **3.** ¿Quién es la «gente nueva» que llega a la isla?

   **4.** ¿Qué relación tiene la gente nueva con la naturaleza?

**5**   ¿Conoces algún otro cuento donde una persona se
transforma en animal? Escribe tu propio cuento usando

tu animal (tus animales) favoritos. Primero puedes organizar tus ideas aquí.

**animal(es):** _____

**escena:** _____

**problema:** _____

**solución:** _____

Ahora puedes escribir tu cuento de fantasía e ilustrar tu escena favorita.

## Mi cuento fantástico:

# La disputa de la olla

## El cuento del cuento...

Este cuento viene de un lindo lugar en el centro de México llamado Guanajuato. Guanajuato es un pueblo muy antiguo, rodeado por muros de piedra y caminos subterráneos. Además del paisaje bonito, en Guanajuato ¡hay una colección de momias! Dice la gente que la tierra en esa sección del país conserva los cuerpos de los muertos y por eso hay tantos cuerpos tan bien preservados. Esta historia viene de los alrededores del pueblo.

MÉXICO

Guanajuato

México D.F.

## Comencemos...

### ...con tu profesor/a:

**1**    Lee estas palabras en voz alta con tu profesor/a.

| | | |
|---|---|---|
| LA CIMA | EL VALLE | LA OLLA |
| LA SONRISA | LOS PEDAZOS | PELEAR |
| JALAR | GOLPEAR | EL POZO |
| HUNDIR | DISGUSTARSE | EL CASTIGO |

# ...con tu compañero/a:

**2** Con tu compañero/a, organiza las palabras de la página 130 en estas dos columnas.

| los nombres | los verbos |
|---|---|
|  |  |

**3** Juega a «¿quién soy?» con tu compañero/a. Selecciona tres palabras del vocabulario nuevo. Escribe dos o tres claves para tu compañero/a. Él/ella descubre la palabra.

|  | por ejemplo: | ahora tú: |  |  |
|---|---|---|---|---|
| clave #1 | boca |  |  |  |
| clave #2 | contento |  |  |  |
| clave #3 | dientes |  |  |  |
| PALABRA | SONRISA |  |  |  |
| ¿descubierto? | ✓ |  |  |  |

**4** Con tu compañero/a, llena este crucigrama con las palabras apropiadas de la lista en la página 130.

HORIZONTAL
1. la parte más alta de una montaña
2. A los buenos niños no les gusta _____.
4. enfadarse

VERTICAL
2. donde se consigue agua fresca
3. Cuando una estudiante hace algo malo, seguro que viene un _____.

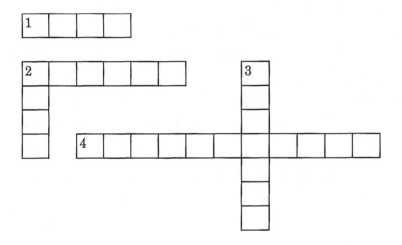

## ...tú solo/a:

**5** Ya sabes el origen del cuento y algunas de las palabras y frases. ¿Puedes adivinar de qué se trata? Usa las preguntas para guiar tus ideas.

Creo que los personajes son: _____
*¿quién?*

Creo que los personajes están en: _____
*¿dónde?*

Creo que el problema o situación es: _____

¿qué? ¿por qué?

Creo que al fin: _____

¿cómo?

## Leemos...

## ...con tu profesor/a:

**1** Mientras tu profesor/a lee el cuento por primera vez, escucha y lee sin hablar.

**2** Tu profesor/a va a leer el cuento otra vez. Al escuchar una de las palabras nuevas, señala el dibujo apropiado en la página 130.

## ...con tu compañero/a:

**3** Lee el cuento una vez más con tu compañero/a en voz alta. Comparte la lectura: tu amigo/a lee la primera frase y tú lees la segunda. Tu amigo lee la tercera frase y... etc.

## ...tú solo/a:

**4** Lee el cuento otra vez. Subraya todas las palabras que todavía no comprendes y escríbelas aquí. Busca su significado en el diccionario. ¿Necesitas estas palabras para comprender el cuento?

| palabras desconocidas | su significado |
|---|---|
|  |  |

**5** Mira la ilustración del cuento. ¿Qué escena ilustra este dibujo?

# La disputa de la olla

**D**os mujeres, amigas por años, vivían en las montañas. Una vivía en *la cima* de una montaña y la otra en el valle. Cada día, las dos tenían que ir a un pozo por agua.

Un día, la mujer de la cima empezó a bajar con dos *ollas*. Su amiga tenía solamente una olla. Cuando las dos amigas se vieron, se saludaron con *sonrisas* y señas de la mano.

La mujer del valle caminaba muy rápido y se cayó. Su olla se rompió. Cuando vio *los pedazos* de su olla en el suelo, la mujer empezó a llorar.

La mujer de la cima vio lo que pasó, pero no dijo nada. Su amiga, la mujer del valle, miró a su amiga y dijo:
—¡Mira que me pasó! Ahora ¿qué voy a hacer? ¿Con qué llevo el agua para mi familia? Tú tienes dos ollas. Tú eres mi amiga. Préstame una, ¿sí?

La mujer de la cima dijo que no y las dos comenzaron a *pelear*.

*Se jalaron* los cabellos y *se golpearon*. Gritaron y lloraron. Pelearon tanto que no se dieron cuenta de su proximidad al *pozo de agua* y ...

*¡PLOP!*

Las dos mujeres se cayeron y *se hundieron* hasta el fondo del pozo.

Cuando las dos mujeres finalmente salieron del pozo, notaron algo muy extraño. Los dioses vieron la pelea de las dos amigas y *se disgustaron*. Como *castigo* por ser peleonas, los dioses las convirtieron en una culebra y un cocodrilo.

Las amigas, ahora animales, pasaron muchos años así. Seguían peleando, la culebra y el cocodrilo. No aprendieron su lección. Al fin, don Benito Juárez, presidente de México en ese tiempo, las mandó convertir en piedra para acabar con las peleas.

## Discutimos...

## ...con tu profesor/a:

**1**    Con tu profesor/a, haz una «lluvia de ideas» acerca del
cuento.

## ...con tu compañero/a:

**2**    Hablando con tu compañero/a y sin mirar el cuento,
organiza las siguientes frases. Pon el número en la caja
enfrente de cada frase. Usa palabras como *primero, a
continuación, antes* y *después* para convencer a tu amigo
del orden.

☐ La mujer del valle se cae y rompe su olla.

☐ Las dos mujeres se saludan.

☐ Los dioses convierten a las mujeres en animales.

☐ La mujer del cima no presta su olla.

☐ Las dos mujeres pelean y gritan.

☐ El presidente convierte a los animales en estatuas.

**3** ¿Te acuerdas de las adivinanzas que hiciste acerca del cuento? Con tu compañero/a, llena esta gráfica con elementos del cuento. Puedes referirte a tus respuestas al ejercicio #5 en la página 132 a ver si tenías razón.

| ¿quién? | ¿dónde? | ¿qué? | ¿por qué? | ¿cómo? |
|---------|---------|-------|-----------|--------|
|         |         |       |           |        |
|         |         |       |           |        |

## ...tú solo/a:

**4** Contesta estas preguntas acerca de la cuento:

**1.** ¿Por qué crees que la mujer de la cima no presta su olla?

**2.** ¿Qué crees que simboliza la culebra y el cocodrilo?

**3.** ¿Es justo lo que le pasó a las mujeres? Explica.

**5** ¿Recuerdas alguna pelea con un/a amigo/a? En este cuento, la pelea entre las amigas se parece un poco a las peleas en los programas de muñequitos como «Tom y Jerry». Escribe tu propio dibujo animado acerca de una pelea entre amigos. Los amigos pueden ser reales o de tu imaginación. Incluye diálogos y dibuja tus personajes.

**por ejemplo:**

**Título:** _____

**personajes:** _____

**problema:** _____

**diálogo:** _____

Ahora, dibuja tu programa con todas las escenas,
incluyendo el diálogo

```
┌─────────────────────────────────────────┐
│                                         │
│                                         │
│                                         │
│                                         │
│                                         │
│                                         │
│                                         │
│                                         │
└─────────────────────────────────────────┘
```

# Juan Bobo y el caldero

## El cuento del cuento...

Puerto Rico, el lugar de origen de este cuento, es una isla en el Mar Caribe. La isla tiene playas, un bosque tropical y montañas también. Puerto Rico es parte de los Estados Unidos. El personaje principal de esta historia, Juan Bobo, no es una persona de verdad, sino una persona ficticia. Sus muchos actos inocentes y tontos sirven como lección para los niños distraídos del país.

FLORIDA

CUBA

REPÚBLICA DOMINICANA

PUERTO RICO

JAMAICA

HAITÍ

## Comencemos...

## ...con tu profesor/a:

**1**   Lee estas palabras en voz alta con tu profesor/a.

# ...con tu compañero/a:

**2**   Con tu compañero/a, organiza las palabras de la página
144 en estas tres columnas.

| los nombres | los verbos | los adjetivos |
|---|---|---|
|  |  |  |

**3**   En la lista de vocabulario del cuento, hay unas palabras
que forman parejas. Unas parejas contienen dos palabras
similares y otras son de palabras opuestas. Con tu
compañero/a, actúa las palabras. Un amigo escoge una
palabra de la pareja y la actúa. Después, tu amigo
contesta con gestos apropiados para la otra palabra.
Dibuja los gestos que hacen, o describe lo que hacen con
palabras.

**por ejemplo:**

| **el brazo → un abrazo** | **las patas → una patada** |
|---|---|
| |  |
| **cansarse ↔ descansar** |  |

**4** Con tu compañero/a, completa las frases con una palabra del vocabulario. Después, llena la gráfica para leer un mensaje secreto.

1. Cuando estoy cansado/a, me da _____ hacer mi tarea.

2. Una _____ es un tipo de ave.

3. Si no tengo una pluma, pido una _____ .

4. El elefante es un animal grande y _____ .

5. Los fines de semana, no me gusta trabajar. Me

    gusta _____ .

1. □ ○ ○ ○ ○ ○
2. ○ □ ○ ○ ○ ○ ○
3. ○ ○ ○ ○ □ ○ ○ ○
4. ○ ○ ○ □ ○ ○
5. ○ ○ ○ ○ ○ ○ □ ○ ○

¿Qué tienen en común ollas y animales?

¡Tienen! _____

## ...tú solo/a:

**5** Ya sabes el origen del cuento y algunas de las palabras y frases. ¿Puedes adivinar de qué se trata? Usa las preguntas para guiar tus ideas.

Creo que los personajes son: _____
*¿quién?*

Creo que los personajes están en: _____
*¿dónde?*

Creo que el problema o situación es: _____

¿qué? ¿por qué?

Creo que al fin: _____

¿cómo?

## Leemos...

## ...con tu profesor/a:

1   Mientras tu profesor/a lee el cuento por primera vez, escucha y lee sin hablar.

2   Tu profesor/a va a leer el cuento otra vez. Al escuchar una de las palabras nuevas, busca el dibujo apropiado en la página 144.

## ...con tu compañero/a:

3   Lee el cuento una vez más con tu compañero/a en voz alta. Comparte la lectura: tu amigo/a lee la primera frase y tú lees la segunda. Tu amigo lee la tercera frase y... etc.

## ...tú solo/a:

4   Lee el cuento otra vez. Subraya todas las palabras que todavía no comprendes y escríbelas aquí. Busca su significado en el diccionario. ¿Necesitas estas palabras para comprender el cuento?

| palabras desconocidas | su significado |
|---|---|
|  |  |

5   Mira la ilustración del cuento. ¿Qué escena ilustra este dibujo? ¿Te ayuda a comprender el cuento o no? ¿Por qué?

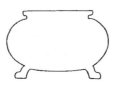

# Juan Bobo y el caldero

**T**oda la gente del pueblo conocía a Juan Bobo. Él era famoso por sus actos poco inteligentes y por su *pereza*. No le gustaba trabajar y siempre trataba de esconderse cuando su mamá lo llamaba para ayudarla con algo.

Un día, la mamá de Juan Bobo quería hacer una sopa de *gallina*, que era su favorita. La mamá buscó y buscó por toda la cocina, pero no pudo encontrar un *caldero* sufientemente grande para cocinar la sopa. Entonces, llamó a su hijo:

—Juan, ven acá. ¡Te necesito!—gritó ella, pero Juan no aparecía. Trató de nuevo—. Ven, Juan. ¡Juancito!, pero nada. Finalmente dijo:

—Juan, te voy a hacer una sopa de gallina. Ven para ayudarme. Y seguro, apareció Juan.

—Juan, mi amor. Ve a la casa de doña Clarina para pedirle un caldero *prestado*. —pidió la mamá.

—Juan se sintió engañado. No quería caminar hasta la casa de doña Clarina porque le pareció muy lejos. Pero empezó a caminar de todos modos. Al llegar a la casa de doña Clarina, (que está, para que sepas, a dos cuadras de la casa de Juan Bobo) le pidió *el caldero*.

—Bueno, Juan, —dijo doña Clarina—. Te lo presto, pero ten cuidado. Doña Clarina tenía mucho miedo porque como Juan era tan bobo, ¿quién sabe que podía pasar?

Juan empezó a caminar con el caldero. Pasó una casa, y después la segunda, pero al llegar a la tercera, *se cansó* por lo perezoso que era y, en realidad, el caldero era muy *pesado*. Juan decidió *descansar* un momento. De repente se acordó de algo que siempre decía su mamá. Ella decía: «Todo lo que tiene *patas* camina.»

—¿Qué puede significar eso? —pensó Juan Bobo—. Los gatos tienen patas... y caminan, los perros tienen patas, y también caminan.

Pensó y pensó, todo el tiempo mirando el caldero a su lado. Y empezó a mirar las patas del caldero. Uno, dos, tres, contó Juan. ¡Este caldero tiene tres patas! Claro que puede caminar también!

Entonces, Juan puso el caldero en la tierra para caminar. No pasó nada. Juan esperó un minuto más, y nada. En ese instante, Juan vio pasar por la calle un gato y un perro.

—Los dos tienen patas, ¡Y CAMINAN!—pensó Juan. Cuando Juan vio que el caldero no se movía, *se enojó* y le dio *una patada*. El caldero se rompió en dos *pedazos*.

Juan volvió llorando a su casa sin caldero. Desde ese día, doña Clarina no le volvió a prestar nada a Juan Bobo.

## Discutimos...

### ...con tu profesor/a:

1  Con tu profesor/a, haz una «lluvia de ideas» acerca del cuento.

JUAN BOBO
Y EL CALDERO

### ...con tu compañero/a:

2  Un periodista entrevista al vecino de doña Clarina acerca del incidente con Juan Bobo y el caldero. Con tu compañero/a, llena los espacios en el diálogo con información del cuento. Después de completar las frases, lee la entrevista con tu compañero/a.

**Periodista:** Sr. Montás, ¿por qué fue Juan Bobo a la casa de doña Clarina?

**Señor Montás:** _____

**P:** _____

**Sr. M:** Juan Bobo puso el caldero en el suelo.

**P:** _____

**Sr. M:** ¡Porque el caldero no quería caminar!

**P:** ¿Prestará doña Clarina otro caldero a Juan Bobo?

**Sr. M:** _____

**3**   ¿Te acuerdas las adivinanzas que hiciste acerca del cuento? Con tu compañero/a, llena esta gráfica con elementos del cuento. Puedes referirte a tus respuestas a ejercicio número 5 en la página 146 a ver si tenías razón.

| ¿quién? | ¿dónde? | ¿qué? | ¿por qué? | ¿cómo? |
|---------|---------|-------|-----------|--------|
|         |         |       |           |        |

## ...tú solo/a:

**4**   Contesta estas preguntas acerca del cuento.

    **1.** ¿Por qué crees que Juan Bobo va a doña Clarina para el caldero?

    **2.** ¿Qué significa el dicho de la mamá de Juan Bobo: «Todo lo que tiene patas camina» ?

    **3.** ¿Por qué pone el caldero en la tierra? ¿Qué espera Juan?

    **4.** ¿Es justo llamar a Juan «bobo»?

    **5.** ¿Qué le pasa a Juan después de romper el caldero?

    **6.** Doña Clarina no va a prestarle nada más a Juan Bobo. ¿Crees que Clarina prestará cosas a otras personas en el futuro?

**5**   ¿Alguna vez hiciste algo tonto? ¿Nunca cometes errores o
tienes accidentes? Escribe un cuento corto con tu nombre
en el título (por ejemplo, si tu nombre es Ramón, tu
cuento puede ser «Ramón Bobo y el plato roto»). Cuenta
una historia ridícula o tonta.

Título: _____

Ahora, para que tus compañeros aprendan de tus faltas,
dibuja un cartel con consejos contra tus errores:

```
Chicos: ¡NO HAGAN ESTO!:



```

# Cómo el sapo llegó a ser aplastado

## El cuento del cuento...

Este cuento es de Colombia, un país en la parte norte de América del Sur. En Colombia hay mucha gente indígena y este cuento viene de un grupo llamado los chamí. Los chamí viven en la parte central de Colombia, en una área llamada *la Zona Cafetera*. Se llama así porque en esta zona *siembran* mucho café y otros productos agrícolas. Este cuento forma parte de los mitos de la creación de los chamí.

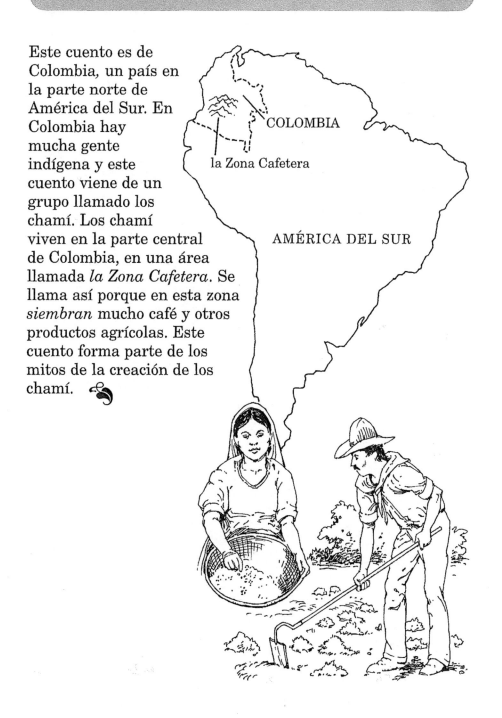

## Comencemos...

## ...con tu profesor/a:

**1**   Lee estas palabras en voz alta con tu profesor/a.

|  |  |  |
| :---: | :---: | :---: |
| EL SAPO | EL CIELO | LOS DIOSES |
| LOS GAVILANES | TENER CELOS | SUBIR |
| GRITAR | TUMBAR | CAERSE |
| ATERRIZAR | EMPLUMADO/A | APLASTADO/A |

## ...con tu compañero/a:

**2**   Con tu compañero/a, organiza las palabras de la página
158 en estas tres columnas.

| los nombres | los verbos | los adjetivos |
|---|---|---|
|  |  |  |

**3**   Actúa las palabras con tu compañero/a. Dibuja a tu
amigo actuando tres de las palabras:

Mi amigo, _____, el actor:
*(escribe el nombre de tu amigo aquí)*

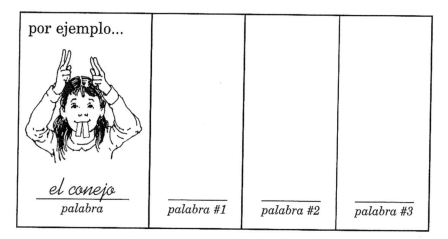

| por ejemplo... | | | |
|---|---|---|---|
| *el conejo*<br>palabra | palabra #1 | palabra #2 | palabra #3 |

**4**   Con tu compañero/a, combina las palabras para formar
nuevas frases ¡Sé creativo/a! Las frases pueden ser
chistosas, extrañas o locas. (¡OJO! Pueden usar palabras
que ya saben.)

## ...tú solo/a:

**5**   Ya sabes el origen del cuento y algunas de las palabras y
frases. ¿Puedes adivinar de qué se trata? Usa las
preguntas para guiar tus ideas.

Creo que los personajes son: _____
¿quién?

Creo que los personajes están en: _____
¿dónde?

Creo que el problema o situación es: _____
¿qué? ¿por qué?

Creo que al fin: _____
¿cómo?

## Leemos...

## ...con tu profesor/a:

**1**   Mientras tu profesor/a lee el cuento por primera vez, escucha y lee sin hablar.

**2**   Tu profesor/a va a leer el cuento otra vez. Al escuchar una de las palabras nuevas, señala el dibujo apropiado en la página 158.

## ...con tu compañero/a:

**3**   Lee el cuento una vez más con tu compañero/a en voz alta. Comparte la lectura: tu amigo/a lee la primera frase y tú lees la segunda. Tu amigo lee la tercera frase y... etc.

## ...tú solo/a:

**4**   Lee el cuento otra vez. Subraya todas las palabras que todavía no comprendes y escríbelas aquí. Busca su significado en el diccionario.

| palabras desconocidas | su significado |
| --- | --- |
|  |  |

**5**   Mira la ilustración del cuento. ¿Qué escena ilustra este dibujo? ¿Te ayuda a comprender el cuento o no? ¿Por qué?

# Cómo el sapo llegó
# a ser aplastado

**P**or todo el bosque, los animales hablaban con mucha anticipación de la fiesta de *los dioses*. Todos pensaban ir, vestidos en sus mejores trajes. Todos, menos *el sapo*.

—¿Cómo voy a llegar al *cielo*?—pensaba—. Yo quiero ir para hablar con *los dioses*. Tengo muchas cosas importantes para hablar con ellos. Pero, ¿cómo puedo yo subir al cielo como mis hermanos los pájaros?

Día tras día el sapo observaba a *los gavilanes* volar por las nubes y *tenía celos*.

—Seguramente ellos van a la fiesta. Ellos solamente tienen que volar y llegan rápido.

Con esos pensamientos el sapo se enojaba más y más. Un día decidió hablar con un gavilán.

—Generoso amigo, necesito tu ayuda. Yo tengo muchas cosas importantes que decir a los dioses. ¿Es posible ir contigo a la fiesta?

El gavilán, persuadido por el sapo, dijo que sí.

El día de la fiesta el sapo pensó:

—Ya estoy preparado y muy elegante. Mi diálogo con los dioses está bien practicado.

Cuando llegó el gavilán, el sapo montó en su espalda *emplumada* y así los dos comenzaron el viaje.

Los dos animales *subían* y subían en el cielo azul. Pasaron por encima de los árboles y las montañas. Al principio el sapo tenía miedo. Cerraba los ojos y sujetaba el cuello del gavilán con toda su fuerza. Pero después de un rato, abrió sus ojos para mirar.

—¡Qué bueno!—gritó. ¿Podemos ir más rápido?

—¡Cómo no!—dijo el gavilán, y empezaron a volar más rápido por el aire.

El sapo gritaba:

—¡Más rápido! ¡Más rápido! Todo el mundo nos está mirando. ¡Esto es fantástico!

El gavilán sabía que era peligroso volar más rápido, pero decidió complacer al sapo.

—¡VAMOS! ¡Más rápido!—insistió el sapo. El gavilán, ya desesperado, no sabía qué hacer. Ya estaba enojado cuando, de repente, vino un viento muy fuerte. Este viento *tumbó* al sapo y *se cayó* rápido, MUY rápido a la tierra.

El sapo *aterrizó* en su nariz. Nunca llegó a la fiesta de los dioses para hablar de sus ideas tan importantes, y desde ese día, el sapo tiene su frente *aplastada*.

## Discutimos...

## ...con tu profesor/a:

**1**  Con tu profesor/a, haz una «lluvia de ideas» acerca del cuento.

## ...con tu compañero/a:

**2**  Hablando con tu compañero/a y sin mirar el cuento, organiza las siguientes frases. Pon el número en la caja enfrente de cada frase. Usa palabras como *primero, a continuación, antes* y *después* para convencer a tu amigo del orden.

☐ El gavilán sube con el sapo en su espalda.

☐ El sapo quiere ir al cielo.

☐ El sapo quiere ir más rápido.

☐ El sapo se cae a la tierra.

☐ El gavilán va más rápido.

☐ El sapo aplasta su frente.

**3**    ¿Te acuerdas las adivinanzas que hiciste acerca del cuento? Con tu compañero/a, llena esta gráfica con elementos del cuento. Puedes referirte a tus respuestas a ejercicio número 5 en la página 159 a ver si tenías razón.

| ¿quién? | ¿dónde? | ¿qué? | ¿por qué? | ¿cómo? |
|---------|---------|-------|-----------|--------|
|         |         |       |           |        |

## ...tú solo/a:

**4**    Contesta estas preguntas acerca del cuento.

**1.** ¿Por qué crees que el sapo quería subir al cielo?

**2.** ¿Por qué crees que el gavilán decidió ayudar al sapo?

**3.** ¿Es justo lo que le pasó al sapo? ¿Por qué? o ¿por qué no?

**5**    Escribe tu propio cuento de una creación. Imagínate que eres una persona indígena y que tienes muchas preguntas acerca del mundo. En tu cuento, explica como una cosa llegó a ser como es o explica la presencia de algún fenómeno natural. Incluye una ilustración para el cuento. ¡Sé creativo!

# Vocabulary

## A

**la abeja** the bee
**acercar** to get close to
**acordar** to remember
**adentro** inside
**la adivinanza** the guess
**adivinar** to guess
**afuera** outside
**agradecer** to thank
**al revés** backwards
**almorzar** to eat lunch
**amanecer** to dawn
**ancho/a** wide
**aparecer** to appear
**aparte** apart from
**aplastado/a** flattened
**arreglar** to fix
**el/la artesano/a** craftsman/crafts-woman
**asistir** to attend
**asustar** to scare
**aterrizar** to land
**atrapado/a** trapped
**atrapar** to trap
**averiguar** to find out
**ayudar** to help

## B

**el barrio** the neighbor-hood
**besar** to kiss
**bobo/a** silly
**la boda** the wedding
**el bolsillo** the pocket
**el bosque** the forest
**el bosque tropical** the rainforest
**la bruja** the witch

## C

**el cacique** the chief
**caerse** to fall
**el caldero** the pot
**calentar** to heat
**calentarse** to warm oneself
**la calidad** the quality
**cambiado/a** changed
**el campo** the country-side
**el cansancio** tiredness
**cansarse** to get tired
**el cariño** affection
**el cartel** the poster
**el castigo** the punish-ment
**la catedral** the cathe-dral
**cazar** to hunt
**los celos** jealousy
**la cena** the dinner
**el cénit** the zenith
**cerca** near
**el charco** the puddle
**los chismes** gossip
**chistoso/a** funny
**ciego/a** blind
**el Cielo** Heaven
**el cielo** the sky
**la cima** the peak
**el/la ciudadano/a** the citizen
**¡claro!** of course
**la clave** the key
**el clavel** the carnation
**cocinar** to cook
**el cocodrilo** the croco-dile
**colgar** to hang
**la colmena** the beehive
**colocar** to place, put
**comenzar** to begin
**el/la compañero/a** the companion/ partner
**compartir** to share
**complacer** to please
**conseguir** to get
**el consejo** the advice
**convencido/a** convinced

**convertir** to transform
**coser** to sew
**la costurera** the seam-stress
**crear** to create
**crecer** to grow
**la creencia** the belief
**la cuadra** the (street) block
**cubierto/a** covered
**el cuello** the neck
**el cuero** the skin, leather
**la cueva** the cave
**cuidar** to take care of
**la culebra** the snake
**el cura** the priest
**curar** to cure

## D

**la dama** the woman
**darse cuenta de** to realize
**de repente** all of a sudden
**la derecha** the right
**la desaparición** the disappearance
**descansar** to rest
**el descanso** the rest
**desconocido/a** unknown
**el deseo** the desire
**desesperado/a** des-perate
**el dibujo animado** the cartoon
**el dicho** the saying
**la diosa** the goddess
**los dioses** the gods
**discutir** to discuss
**disfrazarse** to disguise oneself
**disgustar** to annoy
**distinto/a** different

Título: _____

**distraído/a**  distracted
**duro/a**  difficult

**E**
**el edificio**  the building
**egoísta**  selfish
**emplumado/a**  feathered
**en seguida**  right away
**en voz alta**  out loud
**enamorado/a**  in love
**la encuesta**  the survey
**las enfermedades**  the illnesses
**enfrente**  in front
**engañado/a**  tricked
**engañar**  to trick
**enojarse**  to get angry
**la entrada**  the entrance
**entregar**  to hand in, to deliver
**la entrevista**  the interview
**escoger**  to choose
**esconder**  to hide
**esconderse**  to hide oneself
**el escondrijo**  the hiding place
**la escopeta**  the shotgun
**el esfuerzo**  the effort
**el espejo**  the mirror
**estar conforme con**  to agree with
**evitar**  to avoid
**extraño/a**  strange
**el extraterrestre**  the alien

**F**
**la felicidad**  the happiness
**fértil**  fertile
**la fiebre**  the fever
**el fin**  the end
**fingir**  to fake
**florecer**  to flower
**el fondo**  the bottom
**la frase**  the sentence
**la frente**  the forehead
**la frontera**  the border
**el fuego**  the fire

**G**
**la gallina**  the hen
**el gavilán**  the buzzard
**la gente**  the people
**el gesto**  the gesture
**girar**  to turn
**golpear**  to hit
**gritar**  to shout
**el/la guardián/guardiana**  the guard
**el gusano**  the worm

**H**
**hacer caso**  to pay attention to
**hacer trampa**  to play a trick
**hambriento/a**  hungry
**haragán/haragana**  lazy
**herido/a**  wounded
**hermosura**  beauty
**la hierba**  the grass
**el hogar**  the home
**la hoja**  the leaf
**el hueco**  the hole
**la huella**  the footprint
**huir**  to escape (from)
**hundir**  to sink

**I**
**el/la indígena**  the Indian
**inesperado/a**  unexpected
**la isla**  the island
**la izquierda**  the left

**J**
**jalar**  to pull
**el/la juez**  the judge
**junto/a**  together
**justo/a**  fair

**L**
**el ladrón**  the thief
**la laguna**  the lagoon
**lanzarse**  to throw oneself
**el lector**  the reader
**lejos**  far

**limpio/a**  clean
**las llamas**  the flames
**el llanto**  the crying
**llenar**  to fill
**llorar**  to cry
**la lluvia de ideas**  the brainstorm
**lograr**  to achieve
**el lomo**  the back (of an animal)
**el lugar**  the place

**M**
**la maldad**  evil
**la mascota**  the pet
**matar**  to kill
**el mensaje**  the message
**el/la mensajero/a**  the messenger
**mentir**  to lie
**el/la mentiroso/a**  the liar
**la mercancía**  the merchandise
**merecer**  to deserve
**el mico**  the monkey
**el miedo**  the fear
**la miel de abeja**  the honey
**mientras**  while
**la mitad**  the half
**el mito**  the myth
**la momia**  the mummy
**la moneda**  the coin
**el mono**  the monkey
**montar**  to ride
**morir**  to die
**mostrar**  to show
**la muerte**  the death
**el muro**  the wall

**N**
**la nariz**  the nose
**el negocio**  the business
**notar**  to notice
**las noticias**  the news
**el/la novio/a**  the boyfriend/girlfriend

**O**
**el oeste**  the West
**la oferta**  the offer

la olla   the pot
el opuesto   the opposite
la oración   the sentence
la orilla   the shore
el oro   the gold

**P**

el paisaje   the scenery
el pájaro   the bird
la palabra   the word
la palmada   the pat (on
   the back)
el papel   the role/the
   paper
la pareja   the couple
la pata   the leg (of an
   animal)
la patada   the kick
la paz   the peace
el pedazo   the piece
pedir   to ask for
la pelea   the fight
pelear   to fight
peleón/peleona   quar-
   relsome person
peligroso/a   dangerous
el pensamiento   the
   thought
el peor/peor   the
   worst/worse
la pereza   the laziness
la periodista   the jour-
   nalist
perseguir   to pursue
el personaje   the char-
   acter
persuadido/a   per-
   suaded
pesado/a   heavy
la piedra   the stone
el piropo   the flirtatious
   comment
la pluma   the feather
los poderes   the powers
poderoso/a   powerful
el pozo   the well
el prado   the meadow
preocuparse   to worry
   oneself
prestado/a   loaned

el principio   the start
probarse   to try on
prometer   to promise
la puesta del sol   the
   sunset
puntiagudo/a   pointed

**Q**

quebrar   to break
los quehaceres   the
   chores
quitar   to take away

**R**

la rana   the frog
el rasgo   the trait
el rato   the (small)
   period of time
recolectar   to gather
el recurso   the resource
el refugio   the refuge
el relato   the story
el remedio   the remedy
robado/a   stolen
rodeado/a por...   sur-
   rounded by...
roto/a   broken
la ruina   the ruin

**S**

salvaje   savage
sanar   to heal
el sapo   the toad
satisfecho/a   satisfied
secar   to dry
según   according to...
la selva   the jungle
sembrar   to plant
señalar   to point to...
el siglo   the century
el significado   the
   meaning
sin duda   without a
   doubt
sobrenatural   supernat-
   ural
solo/a   alone
sólo   only
sonreírse   to smile
la sonrisa   the smile

sorprendente   sur-
   prising
sorprender   to surprise
subir   to climb, to go up
subrayar   to underline
el suelo   the ground
la suerte   the luck
sumar   to add up
el sureste   the Southeast

**T**

el taller   the workshop
tapar   to cover up
te toca a tí   it's your
   turn
el tema   the theme
tener celos   to be jealous
tener cuidado   to be
   careful
tener miedo   to be
   afraid
tener razón   to be right
tener sueño   to be
   sleepy
el tesoro   the treasure
el/la testigo/a   the wit-
   ness
la Tierra   the Earth
la tierra   the ground
las tijeras   the scissors
tonto/a   silly
traer   to bring
el traje   the suit
la tristeza   the sadness
tumbar   to knock down

**U**

único/a   only, sole

**V**

el vecindario   the
   neighborhood
el/la vecino/a   the
   neighbor
¡ven acá!   come here!
la verdad   the truth
el veredicto   the verdict
vestirse   to dress oneself
vivo/a   alive
volar   to fly